JN086319

ひきこもり国語辞典

監修：松田武己

まえがき

「人並み以上のカラダと人並みに近いアタマを持つ」――映画監督の山田洋次さんは「男はつらいよ」シリーズの主人公・寅さんをこう称して観客の笑いを誘いました。これになぞらえて言うなら、ひきこもりは「人並み以上の感性と人並みに近い社会性を持つ」人間集団になるでしょう。笑いを誘う表現にならないのがちょっと残念です。

二〇年以上にわたり、私はひきこもり当事者や経験を持つ人たちの中で生活しました。実数で二百人以上、最盛期には朝から夜まで彼らに囲まれていました。年齢も出自も性格も趣味や関心も異なる二百人以上なので、共通項を探すのは難しいものです。

その中で、姿かたちはさまざまであるし、例外もあるけれども、「人並み以上の感性と人並みに近い社会性を持つ」を、ひきこもりの最大公約的な表現として採用したいと思うのです。納得がいかない向きもあるでしょうが、私なりの総括的な理解と受け止めてください。

一七、八年前のある日です。教室の壁に一枚の張り紙を見つけました。A4版の白紙にこうありました。

《「難しい」と「恥ずかしい」は類似語です》

うまいこと言うな、と感じたのを思い出します。普通は、二つの形容詞が類似語であるとは認められないでしょう。でも、これを書いた人にとっては類似語。そう感じる意味が分かるような気がしました。居場所にしているこの教室に来るのはひきこもり当事者や準ひきこもりと言える人たちであり、その感性を示しているのです。

私は居場所に来る人が何かにつけて、自分の意見を言うこと・言えること、表現することは大事だと考えていました。そこにこの張り紙が出てきたのです。しばらくしたら、ノートを切り取った紙も張り出されました。

《イブニングフォール症候群：ひきこもりなんだから家にいて当たり前かもしれないけれども逆のこともあります。あの家から出てきて、なんとなく楽しい時間を過ごした日なんかは特にそう。夕闇がせまりそろそろ家に帰らなくてはならない時間になると落ち込む気分におそわれます。この状態を指します…》

この二枚を見て、ひきこもり当事者・経験者の感覚から出たこれらのことばを集めたら彼らの感覚のおもしろさ、繊細さ、鋭さ、独特な感性、生活感、ものの見方や考え方が表れてくるのではないかと思いました。そういう気持ちになって、居場所に来た人たちが交わすことばや行動に注意を払うようになりました。これは鋭い、おもしろそうというのに出合うとメモをします。どこかで見聞きしたものもあるでしょうが、ある場面でその人から出たことばや行動です。私には一次的発見のものです。

二〇一三年、これらを集めて手作り冊子『ひきこもり国語辞典』を作りました。ひきこもりの特徴的な言動に象徴的な見出しを付けて国語辞典にしたのです。本書は、これを元に彼らの描く四コマ漫画や川柳をまねた五七五などを取り入れ、収載することばを大幅に増やして再構成しています。その場の雰囲気や状況が分からないと理解できないものや説明が必要なものなどは、できるだけ元のことばを壊さないように手を入れています。

私はひきこもりを「人並み以上の感性と人並みに近い社会性を持つ」と言いました。この辞典には人並み以上の感性を示すことばや行動がたくさんあります。これらは平均的とは言えないにしても、日本人の特徴も示していますから、誰でも共通することがあると思うのです。人並みに近い社会性によって苦闘している姿は、あなた自身と共通するかもしれません。ぜひ、彼らのことばの一つ一つを楽しんでください。

あいうえお

あい（哀）

人の感情全体を端的に表現するのが喜怒哀楽。そのなかで私には哀しかありません。嬉しいとか楽しいというのもあったはずですが、記憶の下にかすんで思い出しません。喜・怒・楽は積極的で表出する表現、哀は受身的で内側に落ち込む感情です。喜・楽が少なく、怒りの感情をいつの間にか哀に変換してしまい、感情が哀に覆われるのです。

アイコンタクト

目を見て話すのが会話の基本といいますができません。人と向き合って座るのは苦手です。相手の目を見て話すアイコンタクトがとにかく大事という人がいます。けれども、生理的にできない人もいることを理解してほしいです。人間ほど多様性のある動物はいませんから。

あいさつ（挨拶）

あいさつは大事です。人と会ったらせめてあいさつをしなければと思っています。でも本当は心配もあります。あいさつを普通にする人間になったら、社会につながるベルトコンベアに乗るのではないかという不安です。「社会につながらなくてもいいから、あいさつだけはしなさい」という人はいません。私もあいさつができるようになりたいです。でも、それは自分が社会につながったとき、最低限の自分を維持する自信ができたときです。そのときは安心してあいさつできると思えます。

アウェイかん（アウェイ感）

スポーツの試合で、自分のホームグラウンドで試合をするのをホーム、相手側のホームグラウンドで試合をするのをアウェイといいます。どこかの居場所※に行ったときの感覚がアウェイ感です。周囲の人も環境も自分に向かってくるような感じがして、どうしても身構えてしまいます。なにか落ち着かない、不安感があるといえば表現が強すぎるので、そういうのをアウェイ感といいたいです。かといって自分にはホームというほどの安定した場所はないので、ほとんど全部の場所がアウェイにしかなりません。

※ひきこもり当事者や家族が気軽に集える場所。当事者同士で交流したり、それぞれの目的で自由に過ごす

あがる（上がる）

自分が場違いなところにいて、人に見られることで自分を意識してしまい気分がそわそわする状態を指します。同年齢の同性（女性らしく化粧をして格好いい）を目前にすると、気恥ずかしくなり、そわそわと挙動不審になります。自分ではどうすることもできません。こんなときはたいてい上がっています。

あくむ（悪夢）

悪夢をよく見ます。ほとんどが追いつめられ、焦らされるようなストーリーで目が覚めます。辞書で悪夢を調べると「縁起の悪い夢、恐ろしい夢、不吉な夢」とありますが、「追いつめられる夢」が私には実感です。

あしもとをそろえる（足元をそろえる）

こちら側に降りて理解しようとする人です。私の弱さを理解し、支え、強めようとする人で、そういう人との出会いを待っています。しかし、足元をそろえようとする人にはなかなか会えません。

あしもとをみる（足元を見る）

私がよく見ている部分です。自分が関わりたいと思える人なのか、支援者に選びたい人なのかを判断する基準です。「足元を見る」は人の弱みにつけこむ意味がありますが、私が見ているのは相手の弱みではありません。本質的な意図を見ようとする気持ちがあるのです。

あたりはずれ（当たりはずれ）

子どもにとって教師との相性は大事です。相性がよければ当たり、そうでなければはずれです。同じように親にも当たりはずれがあります。親は選べないので、はずれの親だったらどう生きるのかが問題です。数十年たちますが、いまだに未解決です。

あてさき（宛先）

郵便物を出すために宛名を書き終えると、封筒の右上隅に細長く宛先を書いているのに気がつきました。知らないうちにそうなっていたのです。一字一字を見ると、それなりにちゃんとしていると思うのですが、全体的に見るとバランスがよくありません。無意識に不安定な自分の内面が表れているのかもしれません。

アトピーのあざ（アトピーの痣）

顔の表情が人間関係を左右することは多いです。顔にアトピー性の痣（あざ）のような変色模様ができて人と会えなくなりました。治療でそれは消えましたが、足には残っています。そして顔の痣が消えても人には会えません。後遺症なのか、醜面恐怖、対人恐怖の一種だといわれました。外出はゴミ出しと病院だけで、外とのつながりはインターネットです。

アパートけいえい（アパート経営）

アパート経営が家業なのでそれを引き継ぐつもりです。親は就職してほしいと考えていたはずですが、就職して働くのは自信がないです。アパート経営に役立つと思われる宅建（宅地建物取引士）の資格を取りました。自分に営業はできませんし、自分にはこれしかありません。

あまえせいかつ（甘え生活）

主に女性が男性に依存的に傾いてしまう結婚生活が甘え生活です。とても優しい人で、私のことを理解し受け入れてくれています。それで結婚しました。自分でいうのも恥ずかしいですが、甘えちゃってばかりの生活です。ずいぶん負担をかけている気はします。自分なりにがんばるつもりです。

あまえている（甘えている）

うつ病の人にがんばれと言わないように、ひきこもりには甘えていると言わないでほしいです。過剰な依存の表れが甘えですから、大人になったはずの自分に向けられると正論なので返すことばがありません。苦しい渦中に言われることになるので、それだけに傷つきます。

あるいていけるきょり（歩いて行ける距離）

一般的には徒歩一五分くらいを歩いて行ける距離と言いませんか。けれども交通費を一円でも節約したい私は電車で数駅ぐらいの距離を平気で歩きます。徒歩二時間、三時間でも「歩いて行ける距離」になってしまいます。ひきこもりに道を聞いて「あぁ、それなら歩いて行ける距離ですよ」と言われても、決して鵜呑(うの)みにしてはいけません。

アルバイト

働くのはハードルの高い課題です。居場所に一緒にいた人が「アルバイトを始めた」ことを聞くと「えっ!」と思います。「なんであいつがアルバイト?」という驚き、うらやましさ。「自分にはできるのか」という焦り、取り残された感があります。一大奮起して急いでアルバイトの面接を申し込みました。けれども面接直前に怖くなり、足が動かず落ち込みました。気を取り直すのにしばらく時間がかかります。アルバイトを始めた人が辞めたと聞いてほっとしました。そんな自分が嫌なやつに思えます。

あんしんエイジング（安心エイジング）

若く見られることが多いです。実年齢よりも顔のつくりを幼くとめておくことで、無意識のうちに「かわいがって」「守って」と訴えているのかもしれません。表情に出ている年齢が実年齢とは別の、自分で納得できる年齢に近いのです。安心エイジングと呼びたいです。

あんぜんきち（安全基地）

カウンセリングに通っています。とても信頼できるカウンセラーで、あるとき「あなたのことは絶対に守るから」と言われました。そのことばで私には安全基地ができたようで安心感が生まれています。

あんていていひこう（安定低飛行）

体調・精神状態はよくないけれども、苦しいとか痛みがあるレベルではありません。静かにして寝ていれば、ゆったりと過ごせる状態で、これが安定低飛行のときです。不安感を少しは遠ざけられたときでしょう。

あんらくし（安楽死）

安楽死という選択肢が認められれば、がんばってもダメなら死ねばいいことになります。精神的な保険です。それは能動的になるきっかけにもできそうな気がします。スイスなどでは安楽死は合法になっているので、日本でも導入してほしいです。

いいわけがましい（言い訳がましい）

「なぜ働かないんだ」と言われるのを想定して、常に働かないことを正当化するための理論武装をしています。負けるわけにはいきませんから、理論を何重にも構築して抜かりはありません。そのために多くの

あ

時間を使っています。言い訳がましい偏った人間と思われているかもしれません。いまの自分はこういう時期です。

いえつきホームレス（家付きホームレス）

親と一緒に住んでいるので家はありません。けれども気分的にはホームレスです。誰もホームレスとは見てくれません。家があるのに気分はホームレス、これが家付きホームレスです。

いけたらいく（行けたら行く）

誘われたときの答え方です。約束があると、それを守ることにとらわれてしまい気分が重くなります。約束を破ってはいけないと強く思いすぎて体調が悪くなってしまうこともあります。自分ではどうにもなりません。曖昧（あいまい）なことばですが、気持ちを正確に表しています。

いけるところまでいく（行けるところまで行く）

これから先の生活について聞かれたときは「行けるところまで行く」と答えるようになりました。同じようなことをいろいろな人、いろいろなときに聞かれてたどり着いた答え方です。うそはありません。「行けなくなったらどうするんだ」と問い詰められたらその答えもあります。ただ家族はそこから先の追及はしてこなくなりました。

いけんのちがい（意見の違い）

ひきこもり相談をしている人のブログを読んでいます。私とは考えが違うので意見交換をするつもりで連絡をとり、会う約束をしました。けれども、自分が誰かに意見をすることが怖くなり、当日になったら会いに行けませんでした。

いしのうえにもろっかげつ（石の上にも六カ月）

石の上にも三年といいます。私には同じ会社に三年勤めるのは長すぎます。私は六カ月お勤めができればがんばったと言えるし、大きな経験です。個人差が大きいので石の上に三年を基準にしないでください。

いじめこういしょう（いじめ後遺症）

ひきこもりになったのは、中学時代にいじめを受けて対人恐怖になったことが原因です。いじめられた経験があるとひきこもりやすくなります。いじめを放っておかれたことでひきこもりになったのです。いじめを見て見ぬふりをしてきた社会にもその負担のお鉢が回ります。

白い手帳

来年の手帳を
買いました。
BOOKS
今年の手帳
去年の手帳
おとしの…
その前の手帳
白い手帳が
いっぱい
来年も
白いまま…?
がんばって…

いじめたひと（いじめた人）

学生時代に自分をいじめた人を忘れていません。ときどき子ども時代のいじめを裁判にかける人が現れてきて、これからも増えそうです。こういうのに何かを期待する自分がいます。私は自分をいじめた人のことを一生忘れません。

いしょがわり（遺書代わり）

自分の存在証明は遺書代わりの日記です。買い集めたCD、学歴、知識、親の資産などを自分の存在証明にする人がいました。けれども自分でつくっていないものは存在証明にならないと思うのです。自分が何をつくったかを考えると、遺書代わりの日記だけです。これは存在証明にはならないでしょうか。

いじり

「いじめ」と似ていますが、暴力的なことは少なくみえます。しかし精神的には残酷な面があります。ことばで試される、からかわれる、自分の力のなさを、やんわりと、ズシンと重く知らされます。力がないのに反発すると、楽しみな〝発表会〟の場にされます。いじめよりもいじりの方がつらい意味で『りはめよりも１００倍恐ろしい』（木堂椎　角川書店）という本があります。

あ

いちにち（一日）

家にいて特に何をするでもなく過ごす一日はなかなか終わりません。でも一年たってみるとあっという間に過ぎます。新年を迎えるころや、誕生日が近づくとため息とともに出てくる気分が「一日は長く、一年は早い」です。

いっかつ（一喝）

ひきこもりの自分に対しては、誰もが腫(は)れ物にさわる感じで接してきます。自分の置かれている状況は分かっていますから、誰も何も言ってくれないと逆に一喝してほしいとさえ思います。何を言われても受け止めるつもりでこれまでとは別の人に相談すると、相手は静かに話を聞くだけでした。一喝はされませんでしたが、少し気持ちが落ち着きました。

いっしゅうおくれのせんとう（一周遅れの先頭）

漫画ばかり描いているひきこもり生活でした。人間関係や社会生活に自信はまるでありません。描いていた漫画をおそるおそる見せたら人が寄ってきて「すごい」と言ってくれました。他のことはさっぱりですが、漫画が役に立ちそうです。オーバーかもしれませんが一周遅れの先頭じゃないですか。

いつだつじんしゅ（逸脱人種）

悪いことはしない（できない）、悪いことは嫌いだと思います。悪人にはなりたくないのです。でも自分は通常の人ができることができないので逸脱人種になる、その一味になる感じがします。だから人種と人間は使い分けます。通常人とはっきり違うときは人種を、通常人と同じときは人間を使います。

いなかぐらし（田舎暮らし）

三〇代の半ばを過ぎたので、いまさら就職するのがいいとは思えません。田舎で農業をしながら一人暮らしをしたいのが本音です。人間関係が近くなるという難題はありますが、穏やかな人と穏やかな環境を求めています。

いばしょのそつぎょう（居場所の卒業）

「まだ居場所に行ってるの？」と言われました。その言い方は「早く卒業しなさい」「おれはもう行かなくなったのに、お前は何をしているの」的な上から目線になっています。ひきこもり経験者として居場所から抜けきれない人もいるのは分かりそうなものですが、でもだめな人もいますね。

いびり

就職などで会社に入る際の通過儀礼、一緒に働くはずの人による裏入社試験になるのがいびりです。劣等感の強い私は、相手のことばの端々から自分を見下げていることが分かるので、それをいびりと感じます。この通過儀礼により、それ以降は蹴落とされるか、仲間として認められるか、立ち打ちできない相手として放流されるかに振り分けされます。どっちつかずにいるといびりは長引くことがあります。

イブニングフォールしょうこうぐん（イブニングフォール症候群）

イブニングフォールとは夕暮れのこと。ひきこもりだから家にいて当たり前かもしれないけれども逆もあります。あの家から出てきて、なんとなく楽しい時間を過ごした日なんかは特にそうです。夕闇がせまりそろそろ家に帰る時間になると落ち込む気分におそわれます。またあの家に戻らなくてはならないのかと思うと気が滅入るのです。さらに強くなると帰宅拒否症候群です。家に帰れるのは、まだ落ち込みが浅いのかもしれません。

相談に来た親御さんから「自立してくれればいいだけです」と言われることがあります。このことばは、人が自立するのにどれだけのものが必要なのかを分かっていない証拠です。三〇代、四〇代のひきこもり当事者の自立は、子どものように比較的共通するコースで考えることができません。一人ひとりが異なる過程を自分で模索しながら進むしかないのです。

これまでのひきこもり支援は、就労をゴールとしたものがほとんどでした。冒頭の親御さんも就職してほしいという意味での「自立」だったと思います。そう望む気持ちはよく分かります。けれども、ひきこもり当事者は対人関係が不足し、苦手を超えて苦痛になっていることさえあります。これを無視して性急に

column

就労に進むと、空振りに終わります。まずは他者との関わりをつくるところから始めます。自分が人や社会とどう関わるのかを体験的に学ぶのです。そういう場が居場所です。

居場所では、ありのままの自分が受け入れられ、特定の何かを求められ急かされないことが大事です。「人がいる場所にいること」「外出すること」「話をすること」など居場所に来る目的もさまざまです。自分なりの目的を見つけるまでに相当な時間を要すると思います。外から目標の提示はあってもいいでしょうが、「参考」を超えると「押し付け」「妨害」になります。

居場所で自分のペースで人と関わりながら、トラブルやすれ違い、共感や喜びを経験して生き方を体験的に学び、身に付けます。行けばいつも満足とはいかないでしょう。それは社会と同じです。居場所で他者を知り、人間の多様性を知り、自分を知って社会を理解していくのです。ひきこもり当事者に居場所への参加を勧めるのはこういう意味からです。

仕事に就いた人もいます。居場所に通ううちに対人関係、社会経験をし、その積み重ねた経験と出合った条件のなかで仕事に就きました。自立への道のりは、本人の意識や心身の状態に大きく左右されます。個人差は当然ありますが、想像以上の時間が必要です。

いま（居間）

家族の誰もが集まるこの部屋から排除されるか自分が占拠するかによって家族内での自分の地位が決まります。自室は自分の物置部屋にして、居間を寝室代わりにしています。

いんきょせいかつ（隠居生活）

中学のころ学校を休み始め、親や学校とすったもんだの後、親が「学校を休んでもいい」と言いました。初めは慣れなかった生活も、ゲーム、テレビ、漫画、音楽、絵描きなどをするうちに自分のペースで生活ができるようになりました。高校に行く年齢になって「老後を楽しく過ごすご隠居さんみたい」と母から言われ、はっとしました。

インコ

インコを飼い始めました。同居人にインコの様子がおかしいと訴えると、問題ないといいます。自分はささいな変化でも心配する性格で生き物を飼うのは荷が重すぎます。責任あるものを迎え入れてしまったと後悔しています。

インドアはのかれ（インドア派の彼）

子どものころから体育は苦手でした。と

ころが結婚したのはアウトドア好きの人です。バイク、キャンプ、サッカー観戦に付き合います。子どもが生まれたら一緒に公園遊び、アスレチック、自転車練習に走り回るのも大変です。新しい自分づくりはつらいけど、ついていきます。

うえからめせん（上から目線）

周りの人との経験や知識の差は避けられませんが、同年齢でなければ普通は気になりません。たとえ上から目線だとしても人間として認めてくれる人からは嫌な感じは受けません。それはよくできた人でしょう。支援者にしろひきこもり当事者にしろ、上から目線でものを言う人はその人自身に何かが足りず、自分の問題を外に押し付けていると思います。そういう人は避けたいです。

うたれよわい（打たれ弱い）

「打たれ強い」の反対語。自分の気にしていることや、思ってもいない弱点を指摘されると落ち込みやすい気持ちを指します。立ち直るのに時間がかかり、うつ的な状態になることもあります。いろんなことを深く考えやすいタイプなのです。

うちゅうご（宇宙語）

あれこれ話しているのに相手によく伝

わらないときは、自分が宇宙語を話している気持ちになります。頭に浮かぶことを次つぎに話し、追加したり枝分かれしたりする話を整理できず収集がつきません。話す側の自分がよくつかみきれないくらいですから、相手にはさっぱり分からないでしょう。自分でも宇宙語だと実感していますが、どうにもできません。

うめ（梅）

桜の対極にある花。集団行動をせまらない花の地味さがいいです。親しい人と一緒でも自分一人でもゆっくりと見ることができて、それを静かに喜んでいる花だと思います。自分も似ているかもしれません。

うらいばしょ（裏居場所）

居場所に来ている人たちの居場所とは離れたところでできる人間関係です。より濃い人間関係や親しい友達ができる機会でもあります。居場所とは違って弾かれたりすることもあります。

うらしまたろう（浦島太郎）

二〇代後半はほとんど外出できませんでした。強風で家がきしむ音が怖くて外に出ました。久しぶりに電車に乗り、街中を歩くと浦島太郎になった気分です。自分の記憶に残る風景とは違っていました。

TV 浦島太郎

TVも見ない
日々で、、、
し〜ん
久々に
TVを見ると
久々に
ピッ
誰だこの人
何この番組
〜〜
はじめて見る〜
浦島太郎
状態・・・
この人誰？、
今はいつ？、

うろたえる

挙動不審、パニックも同類のことばですが、私には「うろたえる」がいちばん当たっています。さかんに動くけれども何のために動くのか目標が分からない状況です。予期しない出来事にあうときが最大にうろたえますが、予期していても受け止められないとうろたえます。挙動不審は、まだ落ち着こうという意識が働いていると思います。

うわがき（上書き）

パソコンの文書作成で、文章を書き換えることを上書きといいます。人との関係、社会的経験を重ねるのは、この上書きに似ています。子どものころや昔のことをよく思い出すのは、上書き部分が少ないからです。楽しい思い出をほとんど覚えていないのは、嫌な思い出に上書きされてつらい思い出に覆われているからです。

うんどうぶそく（運動不足）

ひきこもっていたころ、お笑い番組を見て、数年振りに笑ったら、次の日に頬のあたりが痛くなりました。顔の筋肉が筋肉痛になったと気がつくのにしばらく時間がかかりました。ひきこもりの運動不足とはこのレベルです。サラリーマンが家と会社の往復で運動不足だと言うのとは次元が

天照大神(あまてらすおおみかみ)
日本神話（古事記）に出てくる女神。天岩戸（あまのいわと）にひきこもり、世の中が暗闇になったという。この話から天照大神をひきこもりの元祖と称する人がいます。

違います。

えどのかたきをながさきで（江戸の仇を長崎で）

本来は見当違いを意味するのでしょうか。不満を本当の相手ではなく、言いやすい人にぶつけることがあり、そのときこのことばがちらついていました。八つ当たりです。でもそうでもしないとさらに酷（ひど）い結果になったかもしれません。ストレスの発散方法なので、大目に見てください。

おこられる（怒られる）

子どものころから父親によく怒られました。父親の顔色を見て行動していると思います。父親だけでなく、同級生や教師に対しても同じです。人の顔色、雰囲気を気にしすぎて怒られないことが行動基準になっています。自分の意思がありません。

おさえぐせ（抑え癖）

自分が密かに描いた絵を見せたところ褒められました。本当は嬉しいのに嬉しそうにするのは気が引けて（慣れていなくて）、ついその絵を隠したい気になります。それが抑え癖です。どうしてもっとうまい反応をしなかったのかと後悔しています。

おしうり（押し売り）

思い切って就職しました。栄養補助剤の販売会社なので悪くはないはずでした。ところが歩合制ですから売らないと給与は微々たるものです。指定された地域で訪問販売すると、相手が必要としていないことがよく分かります。押し付ける、押し売りしている感じがして耐えられません。普段から自分の意見も言えないのに訪問販売は無謀でした。また無職に戻りました。

おしつけ（押し付け）

母の躾（しつけ）は細かくて完璧でした。話し方、座り方、食べるとき、衣服の選び方から着方などなど。私のやり方が少しでも気になると注意し、変えられました。過干渉だと思います。ときには身を削られる思いがしたこともあります。躾が丁寧すぎてお躾（押し付け）だったのです。

おそい（遅い）

何をするにも遅いです。何事も取り掛かる前に周りを整理します。そして自分で決めた手順に沿って丁寧に始めます。そういう段取りをふまないと次に進めません。一つひとつをちゃんとするのが性格みたいです。次の行動を考えてはいるのですが、同時に二つのことをするのが苦手で、結果的にいろんなことが遅くなります。

おとしあな（落とし穴）

信用して話に乗っかると、思わぬところでえらい目にあいます。まるで落とし穴にはまる気分です。人をどこまで信用すればいいのか、どこを疑うべきかをつかみかねています。慎重にならざるを得ませんし、決心がつきません。これも社会に入っていけない理由です。

おとしだま（お年玉）

正月に親戚の子どもにお年玉をあげます。無職ですから、元をたどれば自分がもらったお年玉です。ひきこもりでも世間の常識にとらわれていて見栄はあります。

けれども恥ずかしい行動だとも思っています。

おとなじゃない（大人じゃない）

父がよく繰り返していたことばです。父によると、大人とは自分を抑えて周りの人に同調できる人です。私はそういう大人になれませんでした。

オーバードーズ

睡眠薬を常用しています。押し寄せてくる自己否定感やマイナス感情から逃れるために、眠れない夜には処方された薬を大量にのむことがあります。これがオーバードーズで自傷行為の一種です。救急車で運ばれたこともあります。

おぼれる（溺れる）

社会では溺(おぼ)れそうです。水に溺れるとか、酒に溺れるとかいいますね。自分の力や意思ではどうにもできない状態に追い込まれて溺れるのです。分かっていながら同じ間違いを繰り返したり、自己満足感だけで空回りしています。私が社会で溺れそうに感じるのはそれです。意思が弱く自分では決められないのです。

おまけ

自分の存在、自分の人生、自分の役割などいろいろなことがだいたい当てはまるのが「おまけ」です。

おまもり（お守り）

刃物を持ち歩くことはよくありません。それはよく分かっています。でも私は自分を守るためにかばんにカッターナイフを入れて持ち歩いています。お守りとしてのナイフですが、絶対秘密です。

おやのきょか（親の許可）

服装について親から注文が付きます。あまり派手にならないようにしているのですが、念押しされる感じが嫌です。あるときアクセサリーを勧められて興味がわきました。でも「親に聞いてからにします」と答えました。自分が決めればいいことも親の許しを得ないと踏み切れません。すべてがこんな感じです。

おやのにげだし（親の逃げ出し）

不安感でイラついていたとき、母から説教され家の中でキレました。手を出すつもりはなかったのですが、親は危険を感じて家を出ていきました。どこかに部屋を借りたようで、自分ひとりの生活になりました。お金は振り込んでくれますが、それ以外は関係が途切れてさみしいです。

おんぶ

居場所での体験です。からだの力が抜けて動けなくなり、おんぶして運んでもらったことがあります。とても気持ちが落ち着いて、自分をまるごと受け止めてもらえたような気がしました。体重全部を任せるからだの接触がよかったのだと思います。こういう体験を子どものころにしたかったのです。

ある日の求人欄

接客で明るい人か・・・ムリそう
求人
接客の仕事
明るい方募集
体力仕事かムリそう
求人
体力のある方
長つづきする方募集
なんかムリそう
求人
わきあいあいとした
職場です
自分にできそうな仕事がないヨ
困った・・・

か
きくけこ

かいが（絵画）

絵画は文章よりも、表現に断定的な感じがありません。文章だと賛成、反対、共感、好感、嫌悪、疑問、保留、理解などがはっきりします。固定的な意味づけや価値観がされず、自分なりの解釈、理解ができる絵画の方が気持ちは楽です。私が絵を描く理由はここにあるのかもしれません。

がいこくじんろうどうしゃ（外国人労働者）

四〇代でいままで働いたことがない人間ですから、これから働き始めるといってもだめでしょう。コンビニに行っても外国人が働いていて、雇う側もこんな私よりもあの人たちがいいと思ってしまいます。それも働く意欲をそがれる理由です。

かいしゃみたいなば（会社みたいな場）

二〇歳を過ぎたころ、ひきこもりの相談を受ける人がいて、そこに行きました。当事者数人がお互いに自分の状態や希望などを話すことになりました。話す順番がきて「自分に必要なのはトレーニングをしながら収入が得られる会社みたいな場です」と話しました。うっすらと考えていたことですが、その場になったら自分の気持ちをうまく表現できました。現実的には会社じゃないのに収入を得る場所だから、居場所でもなく難しいみたいです。

がいしゅつ（外出）

外出はそれだけで一種のイベントです。前夜に風呂に入り、何を着るのか、靴、めがね、帽子などすべてをくまなくチェックするので、玄関を出るまでのエネルギー消耗だけでもたいしたものです。大変ですが、こうしないと外出できません。朝から大急ぎで準備しても、実際に家を出るのは予定していた時間を大幅に過ぎてしまいます。

かいならされたぞう（飼いならされた象）

象を飼いならすときは、初めは鎖をつけて調教します。やがて足に縄を結んだだけで象は飼い主の指示に従うようになります。私は子どものころから自分に拘束を掛けやすく、気がつかないうちに飼いならされた象と同じです。

かいもの（買い物）

平日の午後の早い時間、いつものお店で買い物をします。お店の人から「仕事は休みですか」「お子さんは何歳？」と尋ねられるような関係になったら困ります。買い物に行くときにも人とは必要以上に親しくならないようにバリアーをはって出かけます。

ひきこもり　下から目線の　さらに下（古董）

かがいもうそう（加害妄想）

被害妄想はよく聞きますが、反対の加害妄想もあります。新しい服を着て出掛けるとき人に不快な思いをさせないか。外食したときあまり旨いと思わなかったのが表情に出て、お店の人の機嫌をそこねなかったか。こんな感じです。

かがみ（鏡）

ついつい表情が暗くなります。鏡を見て表情を確かめて気を取り直します。外出先の鏡のある場所は覚えていますし、お店のウインドーでも自分の姿を確認します。家の中も同じで、少しずつ鏡を置く場所を増やしました。今は家のあちこちに鏡が置かれています。ときどき鏡に追い込まれる気分です。

かくえきていしゃ（各駅停車）

人生の進み方が各駅停車みたいです。自分以外の人たちは、人生を新幹線や特急や快速でうまく乗り継いでいます。私は快速にさえ乗ることができません。うっかり乗ると、乗り越したり、他の乗客に迷惑をかけてしまいそうだからです。社会で生活できる気がしないのと、特急や急行に乗れないのは似ています。尻ごみしたくなる気持ちです。だから電車に乗るとしても各駅停車になるのでしょうね。

かくさづくり（格差づくり）

人との違いを細かく計りがちです。気心の合いそうな人と付き合い始めますが、相手のあれこれに優越感や劣等感を感じます。許容範囲が狭くて自分のなかでうまく折り合いをつけられません。相手のことばを八〇%ぐらいは聞き流せないとうまくいかないのですが、それが難しいのです。相手との格差を意識し、自分から格差をつくっていることは、分かっています。

かくせい（覚醒）

東日本大震災のときです。ちょうどコピー機の横に座っていました。大きなコピー機が揺れて動き出しそうです。危ないと思い、力を入れて押さえました。火事場のばか力です。あのときは神経が覚醒(かくせい)していました。いつもはぼんやりと生活していると知らされました。

かくとうぎ（格闘技）

話をするときは、いつも口先だけでぶつぶつ言う感じです。相手からは「何を言っているのかよく聞き取れません」と言われます。怒ったように言う人もいて困ります。自分では普通に話しているつもりなので、人と話をするときは格闘技みたいに気を張って言うしかありません。

おやが毒母で…

親が毒母で、
ちゃんとしろ
勉強しろ
どくばり
子供が学校で
苛める方だった場合
なめんなゴラ
ヤンキーに
なります
親が毒母で、
愛がほしけりゃ勉強しな
子供が学校で
苛められる方だった場合
人生辛すぎー
もうヤだ
ヒッキーに
なります

がくれきトラウマ（学歴トラウマ）

中学校までの成績はかなりいい方でした。途中で不登校になり、そのまま卒業しました。その後、通信制高校に進み、通信制大学も卒業しました。不登校になったのは後悔していないつもりですが、ほとんど知られていない通信制大学を卒業しているのがトラウマです。誰かと学歴や大学の話になるとその話を変えたくなっています。

がけっぷち（崖っぷち）

「いま何かしていますか」と聞かれて、「崖（がけ）っぷち」と答えました。聞かれたことの答えにはなっていないかもしれませんが、本当の気持ちです。「崖っぷち」が口癖になっています。ゆっくり落ち着いて座っていると見られることもありますが、気持ちはいつも追いつめられ、崖っぷちにいます。

かじてつひめ（家事テツ姫）

家事手伝いは無職女性の場合に使いやすい肩書です。社会的にも認められている社会的身分のひとつともいえます。私の場合はたいした家事はしていません。単なる無職、準ひきこもりですが家事手伝いと見られています。しかも〝姫〟なんかがついて家事テツ姫です。申し訳ありません。

かしょく（過食）

食欲がコントロールできず、いちじるしく食べ過ぎてしまうのが過食です。摂食障害のひとつです。私の場合は過食が続いて体重が増えると自分が醜くなった気がして人に会えなくなり、ひきこもります。摂食障害には食べられなくなる拒食もありますが、ひきこもりにはそれよりも過食の人が多いように思います。ダイエットしてやせると、少しハイになり外に出て行きますが、これも一時的です。

カースト

ひきこもりの当事者間にもカースト※に似た格差があります。親が資産家で社会に出ずに人生逃げ切れるひきこもりが最上位バラモン階層。働かざるを得ない貧しい家のひきこもりは下位の不可触民（ふかしょくみん）で社会につながり働こうと苦悩します。中間諸階層はいろいろな知識や才能を生かそうとする傾向があるように見えます。

※インド社会の階級制度で階層により結婚や職業などに厳格な規制がある。最上位はバラモン（司祭者階層）で、不可触民はカーストにも属さない被差別民を指す

かそうしごと（仮想仕事）

居場所で「失敗しながら覚えていく」つもりでパソコンを使いながら簡単な作業をしています。自分にとっては人と関われるのが大きいです。本当の仕事ではありま

せんが、仮想仕事という感じです。

かね（金）

お金は現実の象徴で現実そのものです。お金の話をしたり、お金のことを思うだけで嫌な気分になります。頭では、社会をスムーズに回転させる役割をする人間の発明品だとは分かっています。けれども、それ以上に人を追いつめたり、悪徳を招いたりする役割と感じてしまうのです。

かねのあるいえ（金のある家）

親にはお金があるようです。家が貧乏ならひきこもらなかったと半分本気で思いました。貧乏な生活を知らないのも確かですが、貧乏だったらひきこもりも知らなかったかもしれません。

かぶしきとうし（株式投資）

父に頼んで百万円を借りました。社会状況や経済情報のニュースもよく見ていますから、就職はできないけれども株式投資で収入が得られそうな気がしたのです。めったに話さない私がお願いしたので、父は考えてくれたのだと思います。返済は期待していないかもしれませんが、確実な運用を考えています。何か仕事はしたいのですが、就職は無理と感じて始めたことです。

かべはうすい（壁は薄い）

親から「少しは動け」とかいろいろ攻められた。むしゃくしゃして廊下を足でドンっと蹴ったら穴が開きました。壁が薄かったのが驚きです。その後もストレス解消で自分の部屋の壁をこぶしでたたいたらそのときも穴が開きました。蹴らなきゃ大丈夫みたいに思っていたのに簡単に穴が開く。どんだけ壁が薄いんだか。怒られた理由よりも穴が開いた方に関心が向きます。おかげで怒りが緩和された感じになりました。

がむしゃら

自意識過剰なところがあり、人の思惑を考えすぎて勝手にくたびれます。あるとき、周りを気にせず一心不乱にやりました。こんなにがむしゃらになるって人間っぽくてよくないですか？　でも、それが続くと強迫神経的といわれます。何もしないか、がむしゃらになるか、どちらかになりやすいです。

カラオケルーム

居場所に集まる人たちでカラオケルームに行くと部屋割りに時間がかかります。あの人とは気まずい、あの人は苦手、あの人がいるところがいい。そんな思いが渦巻いています。様子をうかがう人が多いのでなかなか決まりません。私もその中の一人です。

からっぽ（空っぽ）

そのときは自室でパソコンを使っていました。家族から呼ばれた気はしたのですが、よく聞き取れなかったので無視をして好きなことを続けていました。突然にドアが開いて、わけの分からないことでしかられ続けました。関係ないだろうと頭にきたんですが、言い返す間はありません。怒りがわいたのですが終わりにはそれも消えて、怒りで頭が空っぽです。

からっぽげんき（空っぽ元気）

全然動かないとまずいと思い、外出しました。これという目的はなく、その場かぎりの元気です。これが空っぽ元気、空元気です。

からまわり（空回り）

目標があるのに無駄（むだ）な動きを重ね、独り善がりの行動になるのが空回りです。大きな花火大会でした。参加するためいくつかのグループができました。当日は、それらのグループに一カ所に集まるように呼びかけました。あるグループが近づけば、別のグループが離れる。それを繰り返していました。協力的な人もいましたが、一緒に集まる意味が感じられない人もいたのです。グループの全部が集まることはなく空回りに終わり疲れました。それでもいい経験でした。

カリスマヒッキー

ひきこもりの小さなコミュニティーにも特異な能力をもって目立つカリスマ的な人がいます。しかし、一般社会に出ていく動きは見せません。歯がゆいような私のこの感情は嫉妬なんでしょうか。それともいらだちでしょうか。大したことではないと思いつつ気になります。

かりてきたねこ（借りてきた猫）

顔見知りがいないとか慣れた場面でないと普段と違って静かにおとなしくなります。まるで借りてきた猫です。私の場合はたいがいの所で借りてきた猫みたいです。

かれかけのはな（枯れかけの花）

水をやっても生気をふきかえしそうもない枯れかけの花。ちょうど私みたいです。それでも水を与えられると少しは元気になります。私にとっての水は、私に関心を持ち、思いを寄せてくれることです。枯れかけの花でも水がほしいのです。

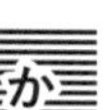

カウンセリングの沈黙タイム

・・・

・・・

・・・

何話して良いか
わからないんですけど！

というか
質問されないって
ことは興味持たれて
いないのか私？！

とおふじ さおり

就業未満と

対人関係を重ね、心身の状態がある程度安定するようになったひきこもり当事者には、仕事に就きたい人や、自分の力で収入を得る方法を探す人は多数います。本書では、このような中途の就業未満の実例が見てとれます。社会経験が少ないために不安があり、それでもできそうなことを始めるわけです。いったん仕事に就いた後にひきこもった人には動き出すのに恐怖心のある人もいます。

「就職します」と公言できない人の多くが、自営業型・自由業型の仕事を探す、家業を手伝う、趣味や好きなことから収入につなげることを試みています。こういう当事者の状態を「やる気がない」と軽視して、就業に直結する訓練計画だけを持ち出してもうまくいかないのは当然です。少数には効果があるかもしれませんが、基本策とは言えないでしょう。「やる気がない」のではなく「社会に受け入れ策がない」のです。

受け入れ策を就職とするのは高い壁があります。行政側でもそれは分かっていて、障害者福祉制度から手

column

を差し出そうとしています。それに手掛かりを得る当事者もいますが、当事者の状態は多様であり、多様性に見合う就業形態、社会参加の形態を必要としているのです。

受け入れ策は、行政や事業者の設ける就業移行計画に参加を促すことが中心ではいけません。当事者が実際に試みている取り組みに即した援助が必要です。産業・経済政策ではなく、ひきこもり支援策として働く方向を考えるのです。当事者の取り組みに即して具体化することを中心にします。

これらはひきこもり対応の一部であり、就業部分だけを切り離してしまうとこれまでの支援策と大差のないものになりかねません。誰かの頭の中で考える社会参加と就業移行策ではなく、当事者の中にある動くものを見つけ、信頼関係の中で援助策を具体化するのです。

私が関わった人の中でも相当数の人にその動きがありました。行政として組織的に動けば、さらの多くの当事者がさまざまな取り組みに出合うと推測できます。

かんこんそうさい（冠婚葬祭）

親戚が久しぶりに集まる場が冠婚葬祭です。「いま何をやっているの？」と聞かれると、返答に困ります。ついにはほうぼうから質問責めにされ、針のむしろと化してしまいます。遠巻きにされてさし障りのない態度で接しられることもあります。予防策として、そういう場には出ないようにしたいです。

かんじょうおんち（感情音痴）

嬉しいとか悲しいは分かるつもりですが、何か違います。同調するよりも置かれた状態から推測して分かる感じです。だから自分では気持ちや感情はよく分からないことにして、直接に人の意見を聞かずに相手の状況を判断するのはやめています。私の生きづらさの根っこです。政治や経済など感情が関係しない分野は楽です。

がんばったちょきん（がんばった貯金）

うつ気分で何をするにも億劫（おっくう）です。それでも少し片付けができた、がんばって課題をひとつやり遂げた、そんなとき自分へのご褒美として貯金箱に小銭を入れます。がんばった貯金と呼んでいます。ときどき隙間（すきま）からのぞいたり、重さを確認して楽しんでいます。

か

かんぺき（完璧）

何事も隅々まで行き届くように心掛けてはいるものの、自分では不十分で完璧ではないと思います。それでも完璧主義といわれます。自分では気づかないうちに完璧でないといけない、どこかに見逃しはないかという気持ちがあるようです。私にとってはこれが当たり前のことです。

ぎえんきん（義援金）

働いていないので収入はありません。必要な行動と買い物のために毎月（またはそのつど）親からお金をもらいます。これは小遣いというよりは義援金と考えています。

ききじょうず（聞き上手）

話し下手、口ベタの反対が聞き上手です。話すの反対は聞く。下手の反対は上手。だから話し下手の反対は聞き上手です。私は話し下手（口ベタ）で話し上手になる自信はありません。でも聞くことならできそうです。密かに聞き上手をねらっています。

ききみみ（聞き耳）

親が呼んだひきこもり支援者が家に来ました。絶対に会いませんが、気にはなります。二階の自室から聞き耳を立てて様子をうかがいます。話し声からどんな人なのか雰囲気だけは感じました。いきなり誰かとは会えませんし、どんな人かを見きわめたい気持ちです。

ギクっとする

外出時に親から電話があると、それだけでギクっとします。親からの連絡がいい知らせであったことはないですし、楽しい話もありません。電話が親の不幸を伝えそうで怖いです。高齢の親に頼った生活ですから不安です。何があってもおかしくありません。

ぎじれんあい（疑似恋愛）

人間関係の悩み相談をしている人を信頼しています。よく話を聞いて理解しようとしてくれるのです。私はこの人を恋愛対象と感じたときがいちばん自分を肯定でき、自分に元気が湧いていると気づきました。本当かどうかはさておき疑似恋愛と考えています。

きすいいき（汽水域）

川が海と合流する、真水と海水が入り混じる場所を汽水域といいます。一般人とひきこもりが接触し混じり合う役所や図書館は、汽水域です。居場所にもそれらしい

か

面があります。自分は一般社会に入る前に汽水域を経験して慣れていきました。

きずつく（傷つく）

身体的な傷ではなく、心理的なダメージを受ける場合も傷つくといいます。私は、些細（ささい）なことでよく傷つきます。攻撃されるなどのはっきりしたことではなく、好きな食べ物が違う、音楽の趣味が違うことで落ち込むのです。これも傷つきの一種です。人に関わらない、関わりを避ける、人と会わない、外出が億劫（おっくう）になるのは、自分が傷つかないための予防策かもしれません。傷つきやすいとそこまで予防的になります。

きせき（奇跡）

友達になれそうな人ができ、その人が好きな音楽を聞かせてくれました。あまりいい曲とは思わないでいたところで感想を聞かれました。一瞬迷いましたが「二〇点くらい」と答えました。そうしたら「よかった。正直に言ってくれたから信頼できる」と言うのです。上辺の調子を合わせるような付き合いを続けてきた私には奇跡のような反応でした。

ぎそう（擬装）

自分の正体を明かすといいことはありません。強そうに見られたい、賢そうに見

ひきこもり五七五

ひきこもり　服買いに行く　服がない〔古董〕

られたい、明るい性格に見られたい、友達がいるように見せたい。そのために工夫します。それが一時しのぎだとは分かっています。擬装工作か、もはや武装している気分です。

きたい（期待）

ひきこもった生活をしていると、誰かの働きかけがあったとき、その人が私に対して期待しているものも一緒に見えます。外出を勧めるとか、できそうなアルバイトを教えてくれるような働きかけはありがたいこともありますが、期待が一緒についてくるのが重荷です。働きかけてほしいけれども期待はしないでください。

きたくぶ（帰宅部）

運動が苦手で中学・高校時代は文化部にいました。しかしその文化部も休みがちで気づくと授業が終わるとすぐに帰る生活です。どの部活動にも参加しない、帰宅部です。すぐに帰ることばかりを考えて誰かと何かをする気持ちがなかったのです。学校を卒業したいまも帰宅部のような生活です。

きちとのそうぐう（既知との遭遇）

未知との遭遇の反対語。未知との遭遇は、何となく怖いと思いながらも少しわくわくするものだったりします。既知との遭遇は、散歩していて知っている人と思わぬところでばったり会うようなことです。どんな顔つき、どんなことば、どんな挙動をすればいいのか戸惑います。未知との遭遇よりも、衝撃は大きいです。

きづかれたくない（気づかれたくない）

電車で家に帰る途中、向かいの席に見覚えのある人がいます。親しくはなかったけれども高校の同級生です。「どうしてる?」と声を掛けられたら答えづらいです。目をつむり眠った振りをしましたが、気づかれなくてよかったのでしょうか?

きづき（気づき）

改めて何かを見つけるのが気づきです。人との会話、読書、映画鑑賞でも気づきがあります。私にとっての大きな気づきは失敗したときです。人に手を貸そうとしたら「自分でやりたい」と手助けを断られて、はっとしました。それができるかできないかが問題じゃない、自分でできるようにするのが大事なんだと。そこに気づいたときです。

きにしすぎ（気にし過ぎ）

仕事で取り返しがつかないことをしました。恐るおそる隣の相棒に話すと全然気にしていません。それぐらいならよくあるといいます。確かに自分は細かなことを気にするたちかもしれませんが、それでも失敗は失敗です。相棒にはそれぐらいは個人差だと言われました。物事は決まった通りにするものと考えてきましたが、一人ひとりで微妙に違うし、相棒なんかはそのつど違うとも言います。その判断ができないのが自分の弱点です。

きはく（希薄）

人と話すときは相手の調子に合わせるばかりで自分の感じたままを話していません。自分が考えや意見の言えない人間に思えて、存在すら希薄だと思います。自分が消える感じがします。けれども、どうしても悪く思われたくない、否定されたくない気持ちを優先してしまうのです。

きばらし（気晴らし）

気分が重いときに必要なのは気分転換や気晴らしです。私は、気分転換、気持ちの切り替えが下手です。無理やり「気晴らし」といっていますが、すぐに気が重くなります。気晴らしをしても気が晴れてはいません。

きもちおんち（気持ち音痴）

人の気持ちが分からずＫＹ（空気が読め

ない）と言われています。歌が歌えない音痴がいるなら、気持ちが分からない音痴もいる。それが気持ち音痴です。

きもちがついていかない（気持ちが付いていかない）

ひきこもりの相談で役所に行きました。いざ窓口に向かおうとしたとき尻込みしてしまいました。「福祉に頼っていいのか」「頼るのが早過ぎないか」。いろいろな思いが交錯し、自分の気持ちをつかみかねて動けなくなりました。慎重過ぎるかもしれませんが、気持ちが付いていきませんでした。

きもん（鬼門）

うまくいかない場所、苦手なことを鬼門といいます。私にとっては疫病神がやってくるところが家族です。その意味で家族が鬼門です。

ぎゃくひきこもり（逆ひきこもり）

家から出掛けて楽しい時間を過ごした日のことです。なんだか家に帰りたくないと思いました。そういうことが何回か重なってきて、これはひきこもりの反対、逆ひきこもりだと思いました。

きゅうきゅうたいいん（救急隊員）

救急隊員の仕事は、病気やけが人を病院に送ることです。そのことは、よく分かっています。けれども私はパニックになって救急車を呼ぶことを繰り返してしまい、いつしか隊員と顔見知りになりました。あるとき、救急車で病院に向かわず、家の近所を回って気持ちを落ち着けてくれました。あんなことは全くの想定外で申し訳ないと思いつつ、ありがたかったです。

きゅうめいしんごう（救命信号）

どうしても自分に関心を向けたくて信頼できそうな人に「死にたい気持ち」と言いました。最後の救命信号です。その人は答えるのに戸惑ったあとで、「いなくなると悲しいから」と言いました。生まれるときと死ぬときは自分の思い通りにはならない、回復するまで待つし一緒にいるとも言われました。完全には納得していませんが、どうしようもなく落ち込んだときには、この人の「悲しいから」「待っている」のことばを頼りにしています。

ギュっとされる

気持ちが落ち込み体調も悪くなって崩れそうになったとき、後ろからギュっとからだを抱えてくれる人がいました。とても大切にされた気持ちになりました。

スティホームは得意

家にいましょう
スティホームしましょう

ずっと前から
いつも家に
いるし
家から
ほとんど出ない

外食苦手で
余裕でスティ
ホーム
マスクも
苦にならない

スティホーム
優等生!!
スティホーム
おめでとう

きょうかいのいのり（教会の祈り）

キリスト教の教会に行きお祈りをしています。お祈りすると落ち着くというか穏やかな気持ちにさせてくれます。信者ではありませんが、牧師さんと話すと安心です。外出するための原動力になっています。

きょうき（狂気）

この世に生きているという存在感覚が薄れて、あるとき異次元に入った瞬間がありました。そのときの自分の姿は分かりませんが、凄惨（せいさん）で倒れていたはずです。気持ちのいいものではなく、正気と狂気の境目に入り込んだみたいで、その境目はそれほど厚くないと実感しました。

きょうく（共苦）

「弱いこと」が媒介となり人と人とがつながった関係のことです。弱さを出せる人がいると助かります。そういう気持ちから相手の弱さを聞いてあげられるように心掛けていますし、聞く力をつけたいと思います。

きょうだいげんか（兄弟げんか）

私の生活状況にしびれを切らしたらしく、兄がすごく怒り、けんかになりました。怖くなって生活用具を大きめのキャリーバッグに詰め込んで家を出ました。行く先は相談先です。その日はそこに泊めてもらいました。親とは連絡が取れるので家を出た事情を話しました。親の手配したところでしばらくは生活し兄との関係を落ち着かせたいです。兄との関係が心配です。

きようびんぼう（器用貧乏）

いろいろなことを「普通レベルの下」くらいは何とかできますが、それ以上に秀でたものがありません。料理や編み物などが好きなのに、だめかもしれないという心配が先に出て長続きせず実になりません。そう思い続けて時間ばかり過ぎました。

きょうふう・きょうう（強風・強雨）

嵐のような強い風や雨の強い日が、晴れの日よりも好きかもしれません。通りから人影が消え、そんなときは外に出られます。雨の中をべちょべちょにぬれながら歩いていました。「どうしてこんなことをしているんだろう」と思いつつも、いつもは人影を気にして生きていると分かります。

きょじゃくきしつ（虚弱気質）

虚弱体質という人がいます。からだが弱くて体育の授業をよく休んでいるような人です。同じように心が弱い人を虚弱気質と認定してほしいです。自己主張ができない、自分に正当性があると分かっていても言い返せない性格のことを指します。虚弱気質が公認ならば、もっと自分のことも認められそうな気がします。

きょしょく（拒食）

拒食（きょしょく）と過食を繰り返しています。もともとは、十代のころに太っている自分がだめな人間に思えて始めたダイエットでした。痩（や）せることはできても、いまだに抜け出せないのは、心の奥にある自分はだめだという気持ちが消せないからだと思います。

きょぞう（虚像）

人前では多少とも元気に振る舞って大丈夫オーラを出しています。そういう私を見て私のことを分かったつもりの人もいるはずです。それは私の虚像です。だから本当の私の姿をちっとも理解してはいません。そういう虚像づくりに毎日を費やしている気がします。

キョどる

初めてのことに取り組むとき、人がいる場で話すときは失敗してはいけない気持ちが強くなります。緊張しやすい性格・体質なので、そんなときは、自分でも動きがおかしくなっていると思います。傍（そば）から見たら挙動不審でしょう。そのときの自分はキョどっています。

きらわれいでんし（嫌われ遺伝子）

人に会うと自分は相手に嫌われているのではないか、相手を不快にさせるのではないか、と思ってしまいます。ほとんど瞬間的に相手の言動に敏感に反応してしまうので先天的ではないかと思うほどです。これは遺伝子レベルの問題です。それくらい身に付いた感覚です。

きりのなか（霧の中）

周りの人の気持ちや状況がよく分からないまま生活してきました。ある所で人付き合いの方法などを教えられました。話されることは確かで正しいのでしょうが、実感がわきません。これまでは霧の中の生活だったのだと思います。

キレる

怒りの感情が臨界点を突破するときの感覚がキレるです。それまで抑制していたのに抑制しきれなくなって爆発します。その爆発のしかたは個人差があって、「ばかやろう」と叫ぶ、物を壊す人もいます。

私はその瞬間にわれに返り、落ち込んで寝込みうつになりやすいタイプです。

きをつかわれる（気を遣われる）

手元にあるものを「取ってください」と言われると気軽に手渡しできます。でも気を遣ってわざわざ取りに来る人もいます。気を遣わないで声を掛けてほしいと思います。逆の立場のとき、私は誰かに取ってくださいとは言えそうにありません。変かもしれないけど、これが私です。気を遣うけれども、気を遣われたくないのです。

きんしげんそう（禁止幻想）

思い描いた方向への道はストップをかけられました。そうすればストップをかけた人の望む方向の道を選ぶはずだから。そんな思いの中で育ちました。何かをしたいときストップをかけられた思いだけが残っています。それが禁止幻想です。いまも自分でしたいことがあるとき、自分で自分にストップをかけてしまいます。禁止すれば、思い通りの方向に進むという幻想のなかで生きている感じです。

ぐしゃ（愚者）

心の奥底では愚者であればよかったと

思っています。いろんなこと分かるから、迷い、苦しみ、自己嫌悪になるんじゃないか。いろんなことが理解できない人間だったとしても、それがいいのか分かりません。でも本当はすでに愚者かもしれません。

くすり（薬）

精神科に通院しています。先生を信頼して、処方された薬はきちんとのみ続けています。ときに先生との駆け引きもあります。ほしい薬があるときは、それに見合う症状を訴えるのです。先生は私を信用しているそぶりを見せていますが、こんたんがばれてにらまれたこともありました。

くちげんか（口げんか）

二〇人近くが集まり、教室ほどの広さの場で話しています。一カ所で口げんかが始まりました。離れて見ている私は変なことにならないか心配です。しかしスタッフは様子を見ているだけで止めようとしません。あとで聞いたら、それぞれの考え方を話せることが大事で、意見を言わないで雰囲気に流されるだけでは人を理解することにならないと言われました。

くつ（靴）

自宅近くで火事がありました。心配になって（好奇心もあって）見に行こうと玄関に急ぎます。けれども、自分の靴がありません。しばらく外出していないので、どこかに片付けられたようです。近所の火事は消防車が来たわりにはたいしたことにはなりません。それよりも自分の靴はどうなったかが気がかりな一日でした。

クリスマス

クリスマスになると周りの人たちがどことなく元気になり、置いていかれる私は少し寂しくなります。でも一日だけ辛抱していればやり過ごせるのがクリスマスです。それよりも年末年始は長くて親戚が来るのでそれ以上に気が重くなります。身の置きどころに困る、姿がさらされる気分になります。

クレーマー

一人住まいをしています。今月は水道料金が異様に高いです。私はいろんなことに不正や怒りを感じやすいので、この怒りが正しいのかが分かりません。ある人にその請求伝票を見せたら、こんな料金はありえないと言います。勇気を奮って水道会社に電話をすると、すぐに謝罪され訂正すると言われました。日ごろからおかしいと感じやすいと、本当におかしいこととの区別がつかないみたいです。

そんな時もあるある

とおふじ さおり

ぐれる

頭にきたときのストレス解消はゲームです。怒りの対象である親への不満をゲームにぶつけます。ゲームを続けても、なかなか気分が晴れないときもあります。どちらにせよゲームの時間は長くなります。

くんれん（訓練）

社会参加には訓練が必要といわれます。「できない」「したことがない」「分からない」ことが多いので、何かを言われるのは分かります。けれども、訓練と言われると、自然な移行ではなく、無理にレールに乗せられる感じがして自分が納得していない社会に適応を迫られる気持ちになります。同じようなことでも練習といわれるのがいいです。自然に進むのがよくて、無理矢理はだめです。

けいたいでんわ（携帯電話）

外出も少ないし、電話をかけてくる人もいません。一人でも親しい人ができると、携帯電話がないとその「知人」を確保し「友人」にする可能性をなくしそうです。それで安心のために携帯を持つようになりました。心の底には人と関わりたい気持ちがあるので、それを引き出す小道具にできるはずです。数カ月しても使うのは知人相手ではなく、天気予報を確かめることです。

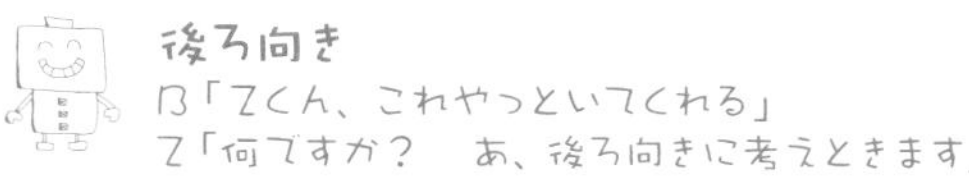

げた（下駄）

自分以外の子どもは親から愛情という名の下駄(げた)をはかせてもらっています。愛情は心の背丈を高くするエネルギーを与えてくれますし、下駄をはかせてもらうことはその象徴です。私ははだしで、自分の実力だけで勝負して負けています。悔しいけれどもそうしかなりません。

けつだん（決断）

物事をなかなか決められません。自分の気持ちに沿って動き、進むことが難しいのです。自信がない、能力がない、失敗を恐れる、完璧でないといけない気持ちが邪魔をします。ときには相反することを同時に求める気持ちや、優先順位が分からなくなり決断ができません。

けっちゃく（決着）

父が五〇代で病死しました。生きていればいつか自分のしてきたことや気持ちを話せる日が来るかもしれません。その時期が来る前に亡くなり、父との間で決着がついていなかったのが心残りです。

けはい（気配）

電気自動車は音が静かでいいけれど、近づいても気づかずに危険もあるそうです。

それで音を出す工夫をしています。私は反対で、動くときは気配を消して動きます。いつ来たのかいつ離れたのか分からなくしたいのです。あるとき知り合いのすぐ近くにいたらびっくりされました。近くにいるのが分からなかったようです。音を出し気配を伝えないと危険を感じさせますが、このようにしか動けません。

ケミストリー

化学反応のことですが、人間関係から生まれる相互の反応としても使われます。とりわけ積極的、肯定的な反応について使われることが多いようです。ひきこもり同士の人間関係においてはケミストリーが著しく少なく、隣の原子・分子と接点や組み合わせを持てません。

ゲームオーバー

親がいなくなり生活が成り立たず、生活保護※を受けることになりました。そのときに出たことばが「これで人生ゲームオーバー」でした。人生は終わったはずですが、生活保護を受けながらその後も続いています。本当はそこから人生が始まったのかもしれません。

※生活困窮者に必要な保護と最低限の保障を行う福祉制度

げんじつかいひ（現実回避）

「現実」とは毎日の生活、社会です。そこにいると栄養もありますが、毒も感じます。毒をストレス解消で適当に処理できる人は問題ないです。私はそれが苦手です。不登校やひきこもりは私のストレス解消でしたが、現実回避、逃げているといわれます。自分が自分であるにはストレスの解消が必要です。私には喫煙や空想と同様にひきこもりもストレスの解消法です。

けんてい（検定）

検定や資格のために勉強するのが好きです。仕事につながるとは考えませんし、資格を取ってもどうなるかを考えません。時間つぶし、気分転換の方法で受検して資格を取ることが目的です。ただの資格コレクターになっているかもしれません。

こうこうのさんそんりゅうがく（高校の山村留学）

二〇代後半の男です。家族と離れたいので高校の山村留学先を探しています。その前に高校卒業認定試験はどうか、定時制や通信制高校はどうかも考えました。親に相談したのですが何の反応もなく無関心です。常日頃から親と話せず、一緒に家にいづらいので離れたいと思いました。二〇代も後半になると自分で道を探すしかありません。

だからカウンセリングは
苦手
今の言葉・・・
グサッときたな
カウンセラーさんに
辛い思いを
聞いてもらおう
へっむ・・・
その言葉で
普通は
そんな風には
思わないわ
認知の
ゆがみね
自分の感受性が異常なのは
わかってはいたけど・・・
歪んでいると
言われる辛さよ

とおふじ さおり

ごうそっきゅう（剛速球）

楽しみなところに行くので朝早く起き、準備を始めます。早目に家を出て余裕を持って待ち合わせの場に行くつもりです。いつもと違い、てきぱきと外出に必要なものをそろえます。気分は剛速球の動きです。でも待ち合わせ時間には間に合いませんでした。何事も何度も確認するので時間がかかり、遅れて謝る羽目になりました。

こうだんじゅうたく（公団住宅）

家族で公団住宅に住んでいます。親の名義なので親が亡くなれば出て行かなくてはならないでしょう。しかし、行く先はないし、あったとしても出て行くためのお金が必要です。もしかしたら生活保護になるかもしれません。親が亡くなったあと、どこに住むかは重要な問題です。

こうつうひ（交通費）

意欲、時間、交通費の三つが居場所に行くために必要なものです。いまはアルバイトで働いています。アルバイトをしてからは時間が取れなくなり、居場所に行く回数が減ったのです。いちばん大事なのは意欲があることです。以前は人とコミュニケーションをとれるようにしたくて居場所に通いました。いまは親しくなれた人と会うために行きたいです。どの場合でも交通費は必要です。往復千円以上になるので、前はそれが毎月の小遣い支出の重要項目でした。いまはアルバイトの収入があるので少しは楽です。しかし、行くと飲食代もいるので費用的には楽とは言えません。

こえられない（超えられない）

自分と合いそうな女性がいました。個人的に付き合うとなるとどうしても先を考えます。「結婚して幸せになる」と言いますが、幸せにする自信はないし、苦労を掛け過ぎるかもしれません。「ともに苦労するのが結婚」ともいいますが、その人と付き合う方向には進めませんでした。何か超えられないです。

こころのカーテン（心のカーテン）

いつも部屋を閉めきり、窓のカーテンも閉めています。カーテンを閉めている以上に心を閉めているのです。人や社会に向けて心が開かないとカーテンも開けられません。

こころのていおんやけど（心の低温やけど）

低温やけどは、カイロなど低温度のものに長時間触れ続けることで生じるやけどです。気づかないうちになっていることもあるようです。同じように心の軽いダメージでも長くさらされているとダメージが深く残ります。それが心の低温やけどです。自分で気づいていない程度でも後に重症化することもあります。いじめを受けたダメージが後で出てくるのがそれです。

こころのなかではいそがしい（心の中では忙しい）

考えていた予定に沿って九時には出掛けるつもりでした。朝早く起きて、準備開始ですが思うように進みません。頭の中では次はこれ、その次はあれ、と働いているのですがいっこうに進みません。かばんの中に入れた物に忘れ物がないかと調べ直し、材料はこれでよかったのかともう一度考え直し、頭は少しも休んでいません。結局、九時をかなり回ってから家を出ました。

こっぱみじん（木端微塵）

自己主張できない結果を予測した状態です。私にとって人と言い争いになることはとんでもないことです。争う前から、ことの正当性がどうであれ、徹底的に打ちのめされてしまう予感がします。これは木端微塵（みじん）になることです。

こどくかん（孤独感）

私の孤独感は詩的表現にあるような美しい孤独感とは違い、うつ状態の一つです。自分を無価値に感じて苦しくなります。心臓がドキドキと打つ、唇が乾くなどの身体症状が出ることもあります。子ども時代に孤独体験をしていると、それが思い返されて回路ができているように孤独感に陥りやすくなります。

こどくし（孤独死）

親が亡くなると家族はいません。そして最後に避けられないのが孤独死・孤立死と予想できます。それを覚悟していますが、知り合いがいると負担をかけそうなので一人でいる時間を多くし、人と会わないようにしています。孤独・孤立の状態でいる時間が増えてしまいます。

このままじゃおわらない（このままじゃ終わらない）

ひきこもり状態から抜け出して、一発逆転をねらいジタバタして失敗しました。「このまま終わらせない、終わってたまるか」と思う一方、本音のところでは不安もあります。これまでもこの繰り返しでしたが、次はじっくりと着実に進もうと思います。いずれ何かを得られると心に描いています。

ごひゃくえんこうか（五百円硬貨）

居場所で五百円硬貨の落とし主を探しています。私が落としたのかもしれませんが言い出せません。自分のものだと証明する方法が分からないからです。黙っているしかありません。

ゴミやしき（ゴミ屋敷）

物が捨てられなくて、ついに部屋からあふれて、ときには家の周囲にまであふれます。これをゴミ屋敷といいます。自分の部屋の様子をみると、他人事とは思えません。ゴミ屋敷にはなりませんが、片付けられない点は同じです。

ごらく（娯楽）

娯楽は堕落の類似語のような気がします。文字は異なっているけれども、発音が似ています。楽しむことを堕落していると感じるので物事を自然に楽しめないのかもしれません。楽しむことをうとましく思ってしまうのです。

コンビニ

コンビニエンスストアとスーパーマーケットは似ていますが、私には大きな差があります。スーパーは、生活感が表れてレジの人と顔なじみになりやすく、コンビニのレジはほとんど通過するだけです。だからスーパーでのコミュニケーション圧力が「上」でハードルが高いです。

ハロワは明日

そろそろハローワークに行っておいでヨ
ん〜明日いく…
次の日
ハローワークは？
ん〜明日…
その次の日
ハロワは？
ん〜明日…ね…
ハロワへはずっと永遠に明日いく…
なかなか…
わかってるけど

さ

し
す
せ
そ

ひきこもり　植物のように　聞いている　〔古董〕

ざいたくせいかつしゃ（在宅生活者）

居場所に参加した人が、自分をひきこもりではなく在宅生活者と紹介したのを聞いて、これは使えると思いました。直接にひきこもりと言わないのがよさそうです。

さいひきこもりきょうふ（再ひきこもり恐怖）

がんばって清掃関係の仕事に就き、働き始めました。土日も仕事が入り、休日は変則的で不確定です。いつも辞めたい気持ちと闘っています。辞めたらひきこもり生活に戻り、立ち上がれない恐怖があるからです。もうあの生活には戻りたくはないです。

さくし（作詩）

詩をつくり続けています。あるときは憑かれたように、あるときは難渋しつつ、身を削るように書いたものですが、舌足らずであったり観念的すぎたりします。からだの一部と化し、私の生に根幹とした関わるものなのです。詩の世界に生きているようです。運がよければ詩がどこかで認められるかもしれません。そういう期待を抱きつつ、日常的に詩をつくり続けるようにしています。

さくら（桜）

日本を代表する花です。桜の花は好きなのに春の新しい年度が始まるころに開花しますから、見ると悲しかったことを思い出したり、取り残された気持ちが強くなります。懐かしいような、うら悲しいような気分も味わわせてくれます。松尾芭蕉の俳句「さまざまのこと思ひ出す桜かな」と同じ気持ちです。

ささえるちから（支える力）

バス運転手から聞いたことです。徐行運転の後に停車しても倒れる乗客がいます。それを「急停車した」と言う人もいます。

私が攻撃を受けたと思いやすいのも似ています。自分に受け止める力が弱い状態では、普通のことでも攻撃されたと思うのです。自分の心の力が弱いためだと自戒しています。

さっかく（錯覚）

通常の感覚のときには人のなかに入れません。「今日は調子がいい」と意識して特別視できたとき、何かを錯覚したときに人のなかに入れるし、生きていると思います。

サポステ

ひきこもりなど若者の就労や社会参加するための支援を行うところでサポステ（地域若者ステーション）と呼んでいます。以前は居場所的なゆるい雰囲気もあったのですが、ある時期から急に就労準備の場に変わりました。それからは足が遠のきました。自分はだめでしたが状態に適合する人もいるでしょう。

さよなら

居場所に通い続けていた人があるころから来なくなりました。何があり何を感じたのかは分かりません。来なくなる人のほとんどが「さよなら」というあいさつはなく、知らないうちに黙って去っていくだけです。さみしくもあり、潔くもあります。忘れがたい印象に残る人もいます。居場所の去り方です。

さんかひ（参加費）

その人も出演する演劇鑑賞券を勧められて買いました。別の人にも売っているのですがそっちの料金を安くしています。自由席なので座る席が違うわけでなく、買った券を返したくなりました。返さなかったですが見に行く気がなくなりました。差別されたと感じ、それをとても不快に思ったのです。

パンのみ子育て

聖書の言葉
人はパンのみに
生きるに
あらず・・・
さすが聖書だ
いい事いうね
はっ
いつもごはんは
作ってくれた
けど・・・
何かたりなかった
ような・・・
愛情ある
会話がもっと
ほしかった

サングラス

顔の表情を隠すための小道具です。ファッションに見られるので、気持ちの負担は少ないです。使い始めのころはヘアスタイルを変えるくらいの勇気はいりましたが、あとは楽です。自分を隠す以外に、周りが少し見えないのがいいときもあります。めがねも同じ役割をすることがあります。

さんねんねたろう（三年寝太郎）

日本民話の三年寝太郎は、三年も働かずに寝ていたことからひきこもりの引き合いに出されることがあります。けれども三年ならひきこもりとしてはまだまだですし、三年寝太郎みたいに活躍しませんから比べないでください。

シェルター

精神的な不安定状態が続いています。そんな自分の心とからだを静かに癒せる場が欲しいです。そういう場がシェルター（避難所）です。居場所もいいのですが、ときには一人静かな場所で落ち着きたいときもあります。家がシェルターにならないことが、私の不調の理由かもしれません。

しえんしゃしぼうのがくせい（支援者志望の学生）

居場所に学生や支援者志望の人がいることがあります。はっきり分かる場合はいいのですが、ひきこもり当事者みたいに混じる人もいます。こっちは一生懸命にあまり人には言えないことを話しているのに、相手が普通の学生と分かるとがっくりです。共通する体験や共感を求めているのに、相手が普通の学生だと無理ですから。勉強してもらうのはいいですが、こういうのは「なし」ですよ。

しおくり（仕送り）

発達障害に似た状態と言われていますが、障害者雇用※ではなく通常のパートで働いていています。自分の給料だけでは独り暮らしができずに、親から仕送りを受けています。これは半ひきこもり的な私が働いて前に進むために必要なことです。親からの仕送りで生活できるこの状態を「必要な時期」と自分で認めています。

※障害者の雇用の促進や安定をはかるための制度。企業等には、一定数の障害者の雇用が法律で義務付けられている

しがつびょう（四月病）

四月は年度初めで学校には新入生、会社には新入社員が入り、活気の出る時節で

す。「今年も」自分がその活気のなかに加われなかったと感じて落ち込みます。四月病とでも名付けたいです。

じかんおんち（時間音痴）

時間感覚がずれていると自覚していいます。相手が何のことか忘れたころに返事をしてしまうからです。けれども「それ」についていていろいろ考えるとどうしても返事が遅くなってしまうのです。時間音痴になっているのだと思います。

じかんにおわれる（時間に追われる）

時間があり余る生活をしているのがひきこもりかといえば、そうではありません。やること一つひとつに時間がかかります。予定があるとそれに拘束されて、追い込まれます。気分的には時間に追われています。

じきゅうじそく（自給自足）

衣食住をはじめ、生活全般のことを自分で用意するのが自給自足です。実際にはそんなことはできないのですが、心の奥には自給自足で生活したい願望があります。なるべく人とは関わりたくない、人との関係を小うるさいと思う気持ちがあるからです。

じこし（事故死）

大地震で多くの人が死傷するニュースを見ました。テレビを見ながら、自殺より災害で死ぬか事故死の方がいいとの思いがわいてきました。家族にとってもその方がましに思えます。以前に船に乗ったとき、この船が沈んだら事故死になると考えたことを思い出しました。

じこしゅうしょう（自己羞症）

自分が自分であることをあらゆる面で恥ずかしいと思う心の状態です。テレビや街中で、格好いい人や生き生きした表情の人を見ると、劣等感を刺激されます。恥ずかしいようないたたまれない気持ちで落ち着かなくなります。いたたまれなくて、ときどき食い気に走ります。

じこしょうかい（自己紹介）

知り合いに連れられてイベントに参加すると自己紹介が始まりました。自分をどう紹介するかはかなり迷うところです。何を紹介すればいいのでしょうか。

じこちゅうしん（自己中心）

ひきこもっていた期間が長くて、周りとの協力や協調する方法が分かりません。体験不足・経験不足を感じて不安です。そのつもりはなくても自分勝手、自己中心に見られる行動が出てしまいます。そういうときは怒らずに教えてもらえるとありがたいです。

しごとにつくまえ（仕事に就く前）

自分をひきこもりだとは思ってこなかったのですが、数年の就職浪人生活の後で就職しようと決めました。いざ就職となると不安になります。仕事に就く前に人との関わり方を経験しなくてはならないと思い短期間でもいいから居場所通いをしています。

じっけんだい（実験台）

介護などからだにかかわる仕事をしたい数人が居場所に来て話しています。そのうちの一人は整体に関心を持つ人です。「今日は何かあった?」と聞くと「うん、いや特に」とか「分からんけど、ちょっと」などと話しています。私はからだが固いので「マッサージの実験台にしてくれませんか?」と頼んでみました。整体師を目指す人と一緒に簡易ベッドのある部屋でからだをほぐしてもらいました。その人から「ありがとう」と言われ、この人の役にも立ったのでよかったと思いました。

ブレない人生

さ

中学の時は
登校拒否で
いきたくない
昼まで
ねてて…
大人になっても
出社拒否で
気が重い
昼まで
ねてる
あるいみ
ブレない人生
それでいいのか？！

しつないみつど（室内密度）

人が多い部屋には入りづらいです。自分に必要な場であっても一つの部屋に四、五人もいると息苦しく、室内密度が高いと言いたいです。限度は二人まで、一人が最適、快適です。三密制限（集まらない・近づかない・閉ざさない）が日常化することを望みます。

しっぱい（失敗）

とても怖いこと、絶対に避けなければならないことが失敗です。失敗するとパニックになり対処不能です。細い道でさえ踏み外さずに歩まなくてはならない気持ちでいます。失敗をしないためには身動きしないのがいちばんです。大人のよちよち歩きを大目にみてくれると、失敗しても成長できるような気もします。

じてんしゃ（自転車）

交通費節約と体力維持のためにどこにでも自転車で動きます。十キロならそう遠くはないです。この根性があれば何でもできるといわれますが、それとこれとは別みたいです。

じてんしゃをならべる（自転車を並べる）

子どものころによく行っていた自転車

屋に寄ったときです。顔見知りの店長から「道に飛び出している自転車を整理して並べて」と言われました。あまり考えもせずに片付けようとしたら、何もできずにうろうろするだけの自分を発見して「ヤバい」と思いました。三〇歳が近づいたとはいえ老化ではないはずです。ひきこもって動かない生活だったからスムーズな動きができず、からだの危機を感じました。

しにたいきもち（死にたい気持ち）

自分に関心をひきつけたくて顔見知りに「死にたい気持ち」と言いました。相手は答えに戸惑ったあとで、「悲しいな」「生まれるときと死ぬときは、自分の思い通りにはならない」と言います。完全には納得していませんが、どうしようもなく落ち込んだときには、この人の「悲しい」という優しいことばが浮かび、気をとり直します。

しねない（死ねない）

死にたいと思っています。でも死後の世界を信じるから死ねません。自殺をしたら死後の世界でも自殺を繰り返す思いにさいなまれるといいます。

死にたいと思っています。でもその勇気がないので死ねません。どんなときでも私には勇気がないのです。

死にたいと思っています。でも自殺に失敗したら、重い障害者として周りの人に迷惑をかけながら、自分では身体的に自殺ができないまま生き続けることになるかもしれません。それが嫌で自殺ができません。

私の回復を待っている人がいます。申し訳なくて死ぬに死ねません。

じぶんふしん（自分不信）

人間不信について話していると人間不信の奥には、自分不信もあると分かりました。何事にも取り組めないのは自分に対する疑（うたぐ）り深さが浸み込んでいるのが影響しています。自分を受け入れられないのです。できることから手を着けて改善していくと、人間不信から抜け出せるかもしれません。

じぶんをそだてる（自分を育てる）

人間は生まれたときから親に育てられます。でも二〇歳を過ぎていることだし、小遣いや生活費の面倒はみてもらっても、今さら親に育ててくれとはいえません。どうするのか。自分を自分で育てるしかなさそうで、手さぐりで道を探す感じです。

しぼうどうき（志望動機）

履歴書の志望動機が書けません。ひきこもっていた空白の期間は、どうにか埋めることができました。けれどもその場を取り繕うために、「一生の仕事にする」というような志望動機を書くことには抵抗感があります。

しゃこうせい（社交性）

社会では最低限の社交性が必要なので、とにかくいろんな人に接して人に慣れるようにしています。居場所には穏やかな人が多いので、接触を始めやすい条件もあります。いろいろな人がいて、自分を試し、自分を知るのに役立ちます。

しゃしん（写真）

居場所に通所している数人で行楽地に行った写真を居場所で張り出すかどうかを悩みます。一緒に行かなかった人、誘わなかった人も見るのでその人たちに悪い気がします。考えた末に「写真は張り出さない」ことにしました。配慮のし過ぎかもしれません。

しゃばデビュー（娑婆デビュー）

それなりの社会生活をしている人との関係ができたときが娑婆デビューです。実際はそういう人とあいさつができる以上になることはめったにありません。それでも自分とは違ってまともな社会生活をしている人と普通の短い会話ができただけで社会（娑婆）とつながったと感じます。

しゅうかいおくれ（周回遅れ）

何年かぶりに同世代の人がいるパソコン教室に行きました。いきなり仕事には就けそうにないからです。そこで感じたのは話題のズレ、スピードの違い、人間関係のちぐはぐさ。年齢は近くても自分が周回遅れになっていると気づきました。

しゅうみっかにへんこう（週三日に変更）

パソコンを使える人と認められ障害者雇用になりました。初めは週四日の朝十時から午後四時まででした。しかし条件がきつく上司との関係もつらくなって一年くらいで辞めました。辞めて一カ月もしないうちに、それまで要望していた週三日就労などの条件を認めると言ってきました。再び、私の障害者就労が始まりました。辞めたのはベストとはいえないかもしれませんが、私が働ける条件を示したのがよかったと思います。

しゅふ（主夫）

日常生活が、炊事、洗濯、掃除などの家事が中心の男性のことです。主婦や女性の家事手伝いの男性版です。家電の修理や家周りの修繕など簡単な大工仕事が加わるのが自分の特徴で、男性ひきこもりの一つだと思います。

しゅらば（修羅場）

向こうから近所の人が歩いてきます。一本道なので避けるに避けられないし、気づかないふりをして通りすぎることにしました。あいさつとか近況の話なんかされてもどうしていいか分かりません。すれ違うときこちらをちら見した気がするのですが、全然顔をあげられません。こういう小さなことが心理的に最大のストレスになり、心の中は修羅場です。

シュレッダー

シュレッダーを買いました。自分の書いた何の意味もないメモからでも自分が知られそうで怖いです。紙はシュレッダーで細かくしてから捨てています。気にしすぎなのは分かっています。

しょうがいしゃのあね（障害者の姉）

自分でからだを動かせない障害のある姉がいます。父は仕事であまり家にいません。母は姉の介護に追われ、夜中も定期的に起きる生活です。私も子どものころから姉の介護の手伝いに追われて気づけばひきこもりと似ています。この生活に疲れ、ついに家を出ました。これまで働いたことはなく、社会経験も少なくて働けません。預金も尽き果てて生活保護を申請しました。

親

ひきこもりの相談に来る親御さんで家族の事情を詳しく話したがる人はあまりいません。

ひきこもる子どもを何とかしたいという関わりの中で、家族の事情が話されるのです。分かることは、子どもをひきこもりにしたい親はいないということです。むしろ、相談に来る親御さんは、子どもに対して一生懸命過ぎるくらいだと思います。

こんなことがありました。相談に来た母親に、「ひきこもりの原因の中心には『虐待』と『いじめ』がある」と話をすると、自分には全く思い当たることがないと言います。私もその母親が積極的に「虐待」をしていたとは思いません。

しかし、私は多くのひきこもり当事者と接するようになって、一見、虐待には見えないような虐待があることに気がつきました。子どもの自主性を認める、伸ばすのではなく、親の思い、考える構想に閉じ込めて子どもを育てる感じといったらいいでしょうか。私はこれを無意識に押し付ける善意の虐待だと思っています。親に虐待の意識はなく、誰よりも大切に育てようとした善意からくるものです。それだけに、親は気づくことができず、余計に子どもを追いつめてしまいます。

　私はこのことを一般論として話しますが、なかには自分のことだと受け止めて、いつの間にか自分を責めている親がいます。しかし責めないでほしいのです。ひきこもっている子どもも責めないでください。

　この背景にはもっと大きな世の中の動きがあります。社会は大きな変化の時代を迎えており、その変化への戸惑いが家族に表れ、子どものひきこもりになって表れているのです。

　この変化は感じやすい人に表れ、子どもはある兆候を先取りしているわけです。初めは否定的にみられますが、やがてそうとも言えないと分かります。いまはそういうことがはっきりと見え始めた時期ではないでしょうか。

　ひきこもりにどんな責任を負うべきなのかは分かりませんし、責任を問われないといけない人はいないと思います。親に必要なことは、子どもを善しあしで判断しないで素直に受け止めることでしょう。

しょうがいねんきんのせいかつひ（障害年金の生活費）

毎月定額の生活費（小遣い）を親からもらいます。私の障害年金※ですが親が管理しています。以前は自由に使えましたが使い過ぎた時期があり、それから親が管理しています。小遣いが少ないので行動は制約され、買い物も限られます。増やしてほしいと親に訴えるとトラブルやけんかになります。親が私の将来を心配しているのは分かりますから、この窮屈な生活に慣れようとしつつ、ときどき脱線します。

※病気やけがで生活や仕事などが制限された場合に受け取る年金

じょうしき（常識）

自分の考えよりも社会の基準を優先して、社会の決め事に従うようにしています。常識から外れられません。けれども世間知らずなので、周りに合わせようとするだけです。自分の意思がないのは劣等感からくるのだと思います。

しょうじょがえり（少女返り）

精神的なダメージを受けた人は子ども返りをしやすいと聞きます。四〇歳に近づいている私はそこまで小さな時期には戻りませんが、中学生か高校生ぐらいの少女返りになりやすいです。その時期の少女の私もありと思うことにしています。

じょうだん（冗談）

冗談は普通の人にはコミュニケーションの潤滑油になりますが、ひきこもりにとっては鬼門です。おもしろい人だと思われてしまうと、もう堅物面をできなくなります。冗談を言うとしても、リラックスした雰囲気をつくって成功するか、失敗して職場や学校にいられなくなるか、一か八かにかける行為です。自虐ギャグを言うのが精一杯です。

しょうにんよっきゅう（承認欲求）

生きてきたなかで達成感、充足感が乏しく、人から好かれたことがほとんどありません。そのために逆に承認欲求が異常に強く表れます。相手が戸惑うことでも押し付けがましく迫り、よけいに疎まれます。相手は引くのでますます承認欲求が強まる悪循環にはまります。SNSの「いいね」だけを集めている感覚です。

しょうぶ（勝負）

自分と比べて、力が上か下かがはっきりしている人とは初めから勝負をしません。自分と力量が近い人が勝負の対象ですが、どうも少し弱い人を勝負の対象にしていると気づきました。勝負といっても他愛ないものです。背の高さみたいなどうにもならないことや、好きな音楽のバンドについての知識の多さなどです。こんなことで勝利感や敗北感を味わっています。

しょくがちがう（職が違う）

短時間ですが、週二回の軽作業のアルバイトをしていました。出入りが激しく辞める人が多いです。七、八人が交代で来るので顔もよく覚えていません。三年もしたころ「チームリーダーとして週三日にしませんか」と言われました。時間給もかなり上がり、一日四時間で週三日にしました。増えた仕事は、作業人員の手配です。自分が決められた範囲の仕事をしていたのとは職が違います。体調を悪くして数カ月して辞めました。それからは、段差が違いすぎることをするのには慎重です。

しょくむけいれきしょ（職務経歴書）

自分の薄っぺらな人生を改めて確認する書類です。びっくりするぐらい書くことがありません。居場所で会う人の中には、反対に仕事を短期間で辞めるのを繰り返す人もいて、アルバイト経験が数十ある人もいます。よく思い出せない、書き切れない、書きたくないこともあるといいます。ひきこもり経験をすると職務経歴書も書くことがないか、書くことが多すぎるかの両極端になりやすいみたいです。どちらも空虚な職務経歴書であることは同じです。

じょれつ（序列）

居場所に何度か通うと、ひきこもり当事者のなかに序列や派閥みたいなものがあると気づきました。それらが気になって、自分はどういう位置にいればいいのか序列がつかめず、気持ちもうろうろします。そういう時期を経験して末端に位置を見つけます。

ジレンマ

親の子育てが間違っていたと思っています。そうすると私は親の子育ての失敗作です。親の子育ては間違っていたけれども自分を失敗作にしたくはありません。それが私のジレンマです。こんなとき「親はなくとも子は育つ」のことばが救いです。

しんかぞく（進化族）

人の気持ちに振り回される経験をさんざんしてきました。あるとき疲れきってふっと無反応、無表情になっていました。アスペルガー気質は人の気持ちが分かりにくいと聞いて「うらやましい」と思いました。彼らは他の人の気持ちに振り回されないから、私からすれば進化した人、進化族です。

しんがたアスペルガー（新型アスペルガー）

先天的なアスペルガー気質ではなく、自分の場合は気づいていながら実行するタイプです。その場の空気は読めるのに、あえて読まないふりをする。言ってはいけないと分かっていながらあえて言う。そしてリスクを背負い、毛嫌いされることもありました。偽装型アスペルガー気質、新型アスペルガーと認識しています。

しんさんかしゃとくべつ（新参加者特別）

行き場所を探してきました。居場所にもいくつか行きましたが、すでに仲のいいグループができていて中に入れません。奇異な目で見られることもあり、居場所探しが大変でした。初めて居場所に参加する人にはサポートが付くなどの特別な援助がほしいです。

じんじゃまいり（神社参り）

心のままに動いていくと、やけ食い、投げやり、ほったらかし気分が高まり自分が堕落しそうな気がします。そんな自分を清めたい、自分を守りたい気持ちでときどき神社に行きます。そうすると清浄な気持ちを取り戻せます。人間のもつ復元力に頼っています。

しんせき（親戚）

めったに会わない親戚が「働いてないんだって」と言ってきました。子どものころから知っているので気安く、こちらが気にしていることを遠慮会釈もなくズバズバと言います。そういうことが認められているのが親戚です。取り扱いがとても厄介です。

しんだようにいきる（死んだように生きる）

家の中で、しかもほとんどは自室で寝るだけの生活をしていました。いまは家の中でも動けて、たまには外にも出ます。あの自室で寝るだけの生活を振り返ると「死んだように生きていた」と思います。

しんでもいい（死んでもいい）

死んでもいいは死にたいのとは違います。投げやりでもありません。絶望しているのとも少し違います。無力感、徒労感、消えたい、自分が小さく思えるなどが少し近いと思います。でも「死んでもいい」がいちばんぴったりなので、「それじゃいけない」と言わずに、その通りに受けとってほしいです。自分では心の奥に何かがわいてくるのを待っている気がします。

しんぴ（真皮）

人の皮膚は空気に触れる外皮と、その奥の真皮に分かれます。外皮に触れても痛くはありません。しかし、真皮には痛点があり、そこに触れると痛いと感じます。心にもこのような二重構造があり、真皮に触れられると痛く感じます。心の外皮は、対人関係・社会経験の蓄積でできますから、社会経験が少ないと外皮が薄くなります。私はいきなり真皮に触れられて痛いのです。

しんらいかんけい（信頼関係）

信頼できそうな人には自分の弱み、苦しいことが自然に話せます。社会的に信頼のある人でも、自然にそんな話ができないと信頼関係があるとは思いません。私は人間不信が強くて自然に話せない人全部が「社会的に信頼できない」人とは思いません。信頼関係とは個人と個人の関係であり、人の醸し出す雰囲気から感知できる部分があります。

すきなひと（好きな人）

危ないことはすぐに分かります。安全なことはすぐには分からないときがあります。嫌なことはすぐに分かります。何が好きかはなかなか分かりません。例外は好きな人です。すぐに分かると思います。人は誰でもそうかもしれませんが、私は小さな子どものようだと言われました。私は子どもっぽいのでしょうか。

すごもりせいかつ（巣ごもり生活）

二〇二〇年の新型コロナウイルス感染拡大防止のための自宅中心の生活を巣ごもり生活とかステイホームと呼びました。ひきこもりの私には特に目新しいことではありません。ようやく安心してひきこもり生活ができる時代が巡ってきたのかもしれませんが、一時的なことは分かっています。

ストライクゾーン

人間関係は苦手ですが、孤独にならないようにしたいです。けれども人を見て、付き合える人をふるいにかけてしまいます。誰とも友達になっていないのが現状です。受け入れられるストライクゾーンが狭いから広げたいのですが、どうすればいいのかは分からないままです。

すみがおちつく（隅が落ち着く）

人の集まる場所、飲食店などでは隅にいるのがいいです。気分的に楽で落ち着きます。注目されるのを避けながらも、人を感じられる場所が隅です。

さ

やればできる!!!

NM 2020.5.5

すわっているのがテーマ
（座っているのがテーマ）

初めてある居場所に参加しました。落ち着かない気持ちでいたら声を掛けられて「何もしなくていいので、今日はここに座っているのがあなたのテーマです」と言われてほっとしました。しばらくして隣に場慣れしない雰囲気の人が座りました。その人は何回か来ているようで、自分の戸惑い感を話してくれました。こうやって慣れていくのでしょうか。

せいかつほご（生活保護）

親と離れて独り暮らしを始めました。対人関係が苦手で体調を崩し、預金も少なくなって自治体の福祉課に行きました。その後、医師から「働くに働けない状態」の診断を受け、生活保護を受けています。けれども住居も自治体指定のところに変わり、精神的に落ち着きません。家族の元には戻りたくありませんから悩み続けています。

せいじんしき（成人式）

居場所で成人式が開かれました。「自分が成人になったと思う人」が対象です。私は三〇歳になるころでしたが成人の自覚がなく、大人になりたいという気持ちで参加しました。参加したことを親が喜んでくれて、少し成人に近づけた気がしました。

せいしんねんれい（精神年齢）

私は見た目の年齢が若いですが、精神年齢も実年齢よりはマイナス八歳から十歳と言われるので精神年齢は外見に近いです。人間関係が少なく世の中をよく知らないことが精神年齢の低さにつながっていると思います。

せいそうぎょう（清掃業）

アルバイトを続けてきましたが定職を決めるためハローワーク[※1]に行きました。障害者手帳[※2]を持っており、体調に不安もあるので障害者窓口に行きました。窓口で聞くと障害者枠の雇用は一般雇用よりも給与が少し低いといいます。紹介された清掃業はアルバイト経験もあり、どちらでも変わらないならと一般雇用で申し込みました。少し背伸びをしたかもしれません。

※1　正式名称は、公共職業安定所。全国に設置され、求人情報の提供や職業相談などを行う

※2　障害のある人に交付される手帳。手帳を取得することで、さまざまな支援や援助が受けられる

せいとうか（正当化）

自分が社会とつながらない状態であることを正当化できません。でも罪悪感を持つと自分が存在する意味がなくなるし、自己肯定感をもてればいいと言われます。それをことばで言われても無理です。正当化はことばで表現することですが、自己肯

定感は生活体験することに関係しているはずです。実感のないことばで正当化する気がないのはそのためです。

せきがきれる（堰が切れる）

家に長くひきこもったままでした。人の声を聞いておらず、重大決心をして、相談所に行きました。前は玄関まで来てドアを開けられず素通りした所です。今日はせっぱつまっていて、勇気を出してドアを開けました。話しやすそうな人がいたので声を出しました。初めは自分の声ではなかったような記憶があります。まるで大水で川の堰が切れて氾濫したように三時間以上も話し続けました。振り返っても何を話したのかはまったく思い出せないし、どういう感じで聞いてくれたのかの記憶が飛んでいます。パニックになって話すだけでした。

せきにんかん（責任感）

責任ということばに潰されそうです。責任を感じ過ぎるので、責任あることはできないし、したくないです。責任感のない人が責任のある立場につき、責任感のある人は責任ある地位につけないと思うことがあります。

セクハラ

アニメが好きでときどきキャラクターグッズを入手します。懸賞で送られてきた物で自分では選んでいない下着姿（？）の人形を居場所に持っていき、隅っこに置きました。それを見た女性が「セクハラ」と声を上げていました。「えっ、これがセクハラっ？」、まったく予想できず、世間との感覚のズレを実感しました。

せけんばなし（世間話）

アルバイトをしていますが、昼食や休憩時間の過ごし方が難しいです。特に数人での世間話が苦手です。プロ野球の話ならいいのですが、芸能人とか職場の噂話（うわさばなし）は避けたいです。最後はそういう話になるので初めから一人で昼食をとります。それもまた変に思われて困りますが、世間話に加わることはできないし、無言でその場にとどまることもできそうにありません。

せっしょくきょうふ（接触恐怖）

座って本を読んでいたところ、後ろからポンと肩をたたかれました。ビクっとして、よく知らないのになれなれしいと怒りがわいてきます。何か言おうとしたのですが、ことばが出ません。「どうかしましたか？」と聞かれて、静かに呼吸を整えました。人に触れられるのが苦手、もう恐怖に

コモリン岬
インド洋に突き出ているインド亜大陸最南端の岬。ひきこもった生活を説明するとき「インドの最南端にしばらく行っていた」と話す人がいた。

なっています。

ぜつぼうかん（絶望感）

ひきこもりは社会に対して絶望するとどうなるのかを知らせる存在です。自分にはそうありたい気持ちがあります。弱肉強食な世界への抗議です。人は精神的にここまで落ちぶれることができると思い知らせてやりたい気持ちです。

せのび（背伸び）

同期で入社した二歳年下の同僚がいます。私は半ひきこもり的生活が長く、人間関係や社会経験の不足はカバーしきれません。この同僚とは同等に付き合いたいと思います。実際は彼のほうが世慣れていて頼りになるのですが、これ以上差が広がらないようにがんばっています。まるで背伸びしながらも、成長を助けてもらっているようです。

ゼロひゃく（ゼロ百）

全くできない・やれないか、熱中しすぎて他のことが目に入らないのどちらかで両極端なことです。対人関係が苦手なので不自然に丁寧すぎる対応をするか、みっともない対処を避けるため逃げるかの両極端に表れます。

せんさい（繊細）

細かなことを気にする神経質なタイプだと自覚しています。自分でも困る性格です。それを繊細と言われると、褒めことばになります。そう言われると、気恥ずかしいので直接には言われたくありません。繊細なんです。

せんさく（詮索）

苦手なタイプはいろいろいますが、どうしてもだめなのは私のことをこまごまと聞いてくる詮索好きな人です。なるべく自分の姿を現したくありませんから、そんな人がいる場には二度と行きたくありません。仕事先にそんな人がいてアルバイトを辞めました。

せんたくもの（洗濯物）

独り暮らしで働いていなくて、ついに昼夜逆転の生活になりました。食事や洗濯も夜遅くしています。洗濯の音が隣に響かないように気をつけています。洗濯物を干しますが、夜に干してもなかなか乾きません。それが気がかりな小さな心の持ち主です。

さ

愛され願望

とおふじ さおり

せんとうみんぞくのかお（戦闘民族の顔）

三〇代にして初めて仕事に就いてから数カ月。その職場に誘ってくれた人が私を見た感想です。働くようになってから顔の表情が変わってきているのを戦闘民族の顔になってきたと評しました。

せんぷくきかん（潜伏期間）

ひきこもりの間は、人のいる世界から逃亡してまるで家に潜伏している気分になります。一週間くらいは休むつもりだったのですが、三カ月、半年、一年、数年と気がつけば期間がはるかに長くなりました。

ゼンマイじかけ（ゼンマイ仕掛け）

動き方がゼンマイを仕掛けた人形のようです。急にある方向に動き、ネジが切れたように急にパタっと止まる。からだの動きだけでなく、生活パターンや思考方法も同じらしく、周りからはある方向から突然に切り変わって進んでいるように見えるようです。

そうぎ（葬儀）

親が亡くなり遺体が室内に放置されるニュースを見ると他人事（ひとごと）には思えません。自分の親も高齢で、そうなったときどうすればいいか分かりません。お金のことや葬儀のことが分からず不安はとても強いです。親とはまともに話をしたことがないのに、葬儀のことだけを話せるはずがありません。

そうこうけつけ（倉庫受付）

人と話すのが苦手、でも働かなくてはならない。そう考えていたら倉庫なら話さなくても働けると教えてくれた人がいました。具合よく倉庫を紹介され働いていています。ほとんど人が来なくて夕方ごろに荷物を運ぶトラックが来て、その運転手と話すくらいです。自分にとっては働きやすい場所です。

そうじ（掃除）

ひきこもりから抜け出そうと、まずは自室を片付け始めました。生活リズムを整え、気持ちを一新するためです。同じようにひきこもりで地域のゴミ拾いをきっかけに動き始めた人もいると聞きました。清掃の仕事に就く人も多いといいますから、ひきこもりと掃除は切り離せない関係かもしれません。

そうだね

子どものころから聞きたかったことばです。言うことや、したことは「そうじゃないよ」「それじゃだめ」と、不足や間違いを指摘され続けてきました。そのつど、この人には通じない、受け止めてもらえないと心に刻んできました。「そうだね」ということばが聞きたいです。

そうだんあいて（相談相手）

親に相談したことがありません。私が話し出すと、頭ごなしに否定したり、親自身のことを自慢気に話し出します。相談は自分を否定されることにつながりますから、私はいまでも相談相手を見つけられないままです。人間不信になっています。

そつぎょうしき（卒業式）

中学校卒業式の日も学校に行けませんでした。数日後、一人だけの卒業式のために母と二人で学校に行き、校長室で卒業証書を受け取りました。校長の判断で卒業が認められたのです。とはいえ、不登校の状態で卒業したので心に空白感があります。

そっとしてほしい

私を助けたいと近づいてくる人に対して警戒感がわきます。彼らのことば掛けには四種類あります。安らぐはいいけれども、「安らげるにようにします」と言う人には、何かされそうで、逃げたくなります。

「癒（いや）してあげます」と近づいてくる人がいると「私が壊してあげます」と言われる感じがして怖いです。「気持ちが楽になる」と言ってくる人は気持ちの負担になることが多いです。「支援する」は押し付けがましくて困ります。私が求めるのは、私を認めたうえでそっとしておくことです。私の内側から生まれるものを育て伸ばしたいからです。

そとこもり（外こもり）

　ひきこもりの状態に耐えられず日本を離れてタイに行かせてもらいました。外国に行き、文化的な環境を変えてひきこもりから抜け出そうとしたのです。タイでは初めのうちは楽に生活できました。やがてそこでもひきこもり的な状態になりました。ひきこもりは文化的な背景だけではなく性格や気質が関係するといいます。日本に戻ってきたら、外こもりといわれていると知りました。外国でなら普通に生活できると考えたのですが、思い通りではありません。

ソープランドうけつけ（ソープランド受付）

　仕事はソープランドの受付に決めました。家の事情で自分しか働ける人間はいません。中卒で働いた経験もありませんから仕事は限られ、身動きできなかった結果です。ソープランドの受付なら学歴・職歴は関係ありませんでした。ひきこもり人間だったので本当に追い込まれていました。

そんざいハラスメント（存在ハラスメント）

私がここにいるだけで迷惑をかけているのではないか、そんな気持ちになります。私がここにいてもかまわないのか、周りの人を不快にしていないかと思う感覚です。

た

ち
つ
て
と

ダイエット

多くの人は痩(や)せてきれいになるために ダイエットをするのかもしれません。私が ダイエットするのは、大人になりたくない からです。痩せていると子どものままでい られる気がします。社会経験がなくて大人 になる資格がないから、子どもでいたいの です。

だいじょうぶ（大丈夫）

心配そうに「大丈夫？」と聞かれました。「大丈夫」と答えました。そう答えてほしいことが分かるからです。本当は大丈夫なんてことはありません。相手を安心させるためです。「大丈夫じゃない」と言ったら困らせるのです。「大丈夫？」の答えは、「大丈夫」しかありません。

タイミング

外出しようとしたところ髪のセットが気になりました。それを直しているうちに外出する気持ちが薄れました。電話をする、部屋を片付けるなど何かを始めるときのちょっとしたことで気持ちが揺れて薄れることがあります。これはタイミングの問題です。

たいわふよう（対話不要）

自分の抱える問題は、誰かと話したところでどうにもならないことは分かっています。ただ話を聞いてほしいだけです。対話は不要ですし、もちろん否定や指摘はいりません。

だきまくら（抱き枕）

寝るときは大きなくまの縫いぐるみを抱き枕にしないと眠れません。私の安定剤です。入院するときも電車で病院に運び、周りからじろじろ見られたのが修羅場でした。

だきょう（妥協）

自分を押し殺して周囲に同調する、溶け込もうとするのが妥協です。辞書では、互いに譲り合って解決するとありますが、しっくりきません。私にとっては妥協とは敗北に近い感覚です。自分の本当の気持ちを押し通せない、中間の折り合いは意味がなく、一方的な譲歩でしかありません。

たすけて（助けて）

あのとき周りは冷たい人ばかりだと思いました。手を差し伸べてほしい、思いやってほしかったのに誰からも声を掛けてもらえませんでした。誰かに助けてほしかったのに自分から声を出せませんでした。どうしてほしいのかを口に出さないと相手に伝わらないことは学べました。

だだもれ（だだ漏れ）

愛情不足で育つと周りの人への親切心に見境がなくなります。自分の世界と相手の世界との線引きができず、誰にでも親切心を働かせたくなります。親切心のだだ漏れです。そういうときの親切心に限っていい結果になりません。押し付けや大きなお世話になっていないか、ときどき途中で問い直します。

たちどまる（立ち止まる）

家にいてばかりじゃだめだと動き始めました。動き出した勢いのままひきこもり相談窓口に通い、人の集まる場に参加しました。気持ちが急いているらしく、動きの割には何も得られない日が続きます。そんな生活が半年ぐらい続いたころ「少し立ち止まったら」という人がいて、ハッとしました。「休憩」と自分に言い聞かせて休みました。立ち止まりです。いまは再始動が重いテーマです。

だっしゅつ（脱出）

これまでは母のせいにしていたと気づ

きました。子どものころはそれでよかったのに、もはやそうもいきません。母のせい、誰かのせいから脱出して、自分の姿形をつくらなければなりません。その壁は低くはありません。

たっせいかん（達成感）

二〇歳を過ぎているので年金の支払請求が来ます。これまで支払っておらず、親が留守のときに自治体の職員が事情調査に来ました。正直に収入がない事情を職員に話しました。事態は何も変わりませんが、自分で説明できたので少し達成感があります。

たっぷりのじかん（たっぷりの時間）

仕事に就けるようになりたくて居場所に通っています。人に慣れて人と関われるようになるのが目標です。いつか仕事に就きたいと思うので、たっぷりの時間をください。

たばこ（煙草）

たばこは気持ちを落ち着かせます。たばこを吸わないと、薬の量が増えますから薬依存を少なくするため（？）にたばこを吸っています。本当はこれがいいのかどうかは分かりません。

ためご（ため語）

「タメ」とは同年齢の意味。「タメ語」とは敬語ではなく、対等の関係でのことば遣いです。自分は未熟者という自覚があるので、せめてことば遣いだけでもよくしたいと思います。ですから、年上か年下かは重要です。いきなり相手の年齢を聞くのも変なので、そのあたりを気にしながら話し始めます。

ためらいさんか（ためらい参加）

居場所に行くつもりでしたが入り口のドアを開けられずに帰ったことがあります。初回は特にたいへんです。これは参加のためらいであり、ためらい参加です。二度ほど繰り返した後で、ようやく居場所に加われるようになりました。

ためらいでんわ（ためらい電話）

インターネットをよく見ています。この人なら分かってもらえるかもしれないと思える人がいました。あるとき思いきって電話をしました。しかし、コールの音がするかしないうちに電話を切りました。こんなことが何度かあり、ある日「もしもし」と相手先から応答がありました。焦ってすぐに電話を切りました。ワン切りや無言電話ですが、いたずらではありません。ためらい電話です。何度かためらい電話を重ね、いまはときどき話せるようになりました。無言電話やワン切りのなかには私のような場合もあるはずです。

たんきアルバイト（短期アルバイト）

初めてのアルバイト体験は二週間の期間限定です。一週間過ぎたら本当にへとへとです。アルバイトでは失敗しないように、怒られないように、迷惑をかけないように上司や同僚に神経を遣います。仕事よりも、誰かに対する気遣いの方がはるかに疲れます。これが短期アルバイトにする理由です。

たんじょうび（誕生日）

何も得られないまま年をとってしまったことを思い知らされるのが誕生日です。でもこの世に生まれたことを祝う日でもありますから、誰かが私の誕生日を覚えていてくれると嬉しいのも事実です。

たんじょうびプレゼント（誕生日プレゼント）

数少ない友達の誕生日プレゼントに高すぎるものを買ってしまいました。働いておらず、普通の社会人ではないのに、見栄をはってしまいました。

家の中に敵がいる

ある日
占いを
らっしゃい
占い
してもらった
どぞ
ふむ
!
家の中に
敵がいますね
心あたりが
ありますか？
母かっ・・・
ガミガミ
ガミ
ぽむ

だんぜつ（断絶）

生まれてからずっと同じ家に住んでいます。アイツ（父）も同じ家にいます。顔は合わせないようにしていますが、ときには顔を合わせます。声を掛け合うことがなくなってもう二〇年以上になります。父と子なのに、けんかや衝突を超えた冷たい断絶です。このままではよくないですが、自分からは譲れません。

ちかくがだんだんとおくなる（近くがだんだん遠くなる）

近いと思っていた場所が遠く感じられるようになることです。家からあまり出ない、運動をしないことが重なり、時間が過ぎていくと以前は近いと思っていた場所をだんだん遠く感じるのです。

ちかづかないこうどう（近付かない行動）

よく行くお店の人には顔を覚えられたくないです。顔見知りになると、必要な物を買うのではなく、相手にどう思われるのかを気にして買い物をしてしまうからです。そのお店の前を通るのを避け、回り道をして帰ることもあります。

ちかづかないでオーラ

（近づかないでオーラ）

人に近づいてほしくないときは「近づかないでオーラ」を出していました。いつの間にか人といたいとき、どうしたらいいのか分からなくなっていました。人といたいのに近づかないでオーラが出ています。

ちかんかがいもうそう （痴漢加害妄想）

電車に乗ると、自分が痴漢にされると心配になります。痴漢といわれたら気弱なので申し立てができません。対処方法は電車に乗らないことですが、どうしても乗らなくてはならないときは車両間の接続部に立っています。

ちちおや （父親）

社会の掟（おきて）、約束事、世間体を示す原理主義者になりやすい立場の人。家族内の独裁者。家ではいろいろと弱点を示すけれども、外面がよく、周りに対してはいい親をしたがります。その落差は驚くほどですが、当人はそれに気づいておらず一個の統一体を続けられる不思議な存在です。これが私の父親観です。

ちちのぼうこう （父の暴行）

家で暴れたら父に首を絞められ気絶しま

した。救急車と警察が来て、父は暴行の疑いで警察に連れて行かれました。警察からは「本当はお前の問題だから」と言われて、父と母の私に対するこれまで不快なハラスメントは不問です。警察の言うのは分かりますが、納得いかない気持ちもあります。

ちてきなおや（知的な親）

親が妙に賢いと理屈でものを言います。筋は通っているので受け入れます。しかし、その理屈に流されていくと自分を失います。子どもの感覚や気持ちを受けとめて、理屈では「ノー」のところも見てほしいです。子どもは理屈で育てるよりも愛情をもって受けとめてほしいのです。

チームリーダー

パソコンの技術はそこそこあると思います。IT関係の求人募集を見て入社面接に行きました。いくつかの技術的なことを試され、その後チームリーダーとして採用したいといいます。予想外でした。技術的なことはともかく、メンバーとのメンタル的な関わりを考えると不安が強まります。安全策としてこの申し出はお断りしました。

ちやほやされたい

数人で食事に行ったとき二、三人が酒を頼みました。少しもらって飲んでいるうちに、軽く酔って饒舌になり、「ちやほやされたいかな」とつい漏らしました。一緒にいた人が仲良く話していたのを見ていたら私も認められたくなり、勝手に口からこぼれ出た感じです。

ちゅうせい（中性）

中学のころ大人になりたくないと思っていました。大人というより大人の女性になりたくなかったのです。そういうモヤモヤした時期が続いて、だいぶんしてから女性でも男性でもなく中性になりたいと思いました。私が童顔なのはそれが影響しているかもしれません。

ちゅうそつ（中卒）

中学校を不登校のまま卒業しました。高校には行かず、学歴は中学卒業です。世の中を見ると中卒で仕事に就けるとは思いませんし、三〇歳を過ぎた自分を雇ってくださいとは言えません。中卒と自己紹介する人がいて、その姿を見て気持ちを考えたとき、自分と同じものを感じました。

ちゅうもくされる（注目される）

いつもは人に見られないように、声を聞かれないように潜んだ生活をして、人の集まる場には出掛けません。けれども家の近くで車の衝突事故があり、見に行ったとき、集まった人たちが事故に注目して、そこにいた私を見ようとしませんでした。注目して見られない感じがよかったです。

ちゅうやぎゃくてん（昼夜逆転）

生きていく目標が分からない、今日も何かをする予定もない。そうすると朝起きる理由がなくて昼まで寝ています。しかも運動もしない。からだは疲れないので夜遅くまで起きている。こうして昼夜逆転の生活が徐々に定着しました。ひきこもり生活の悪循環です。不眠状態になりやすいです。

ちょうはつ（長髪）

自分は男ですが髪を肩くらいまで長く伸ばしています。ある一線を超えて社会に入ってはいかない、馴染むつもりはないことを暗黙のうちに表現するのが長髪です。

ちょうへいせい（徴兵制）

社会とはある年齢になれば何かの仕事に就くことを迫る制度です。私にはこの社会自体が兵役を課す徴兵制みたいなものです。ひきこもり対策として本物の徴兵制をつくるのは不要です。横暴な父親が家で言っていることを国レベルに広げるものに思えるからです。

ちょっとのいっぽ（ちょっとの一歩）

ちょっとの一歩は人によってレベルが違います。あいさつが普通にできる人は、あいさつプラス一言を添える。あいさつができない人は、勇気を出してあいさつをしてみる。あいさつする勇気もまったく出ないなら、人のいないところであいさつの練習をしてみる。ちょっとのことでいいです。あいさつに限らず、いろんなところでちょっとの一歩を踏み出す。私はそうやって少しずつ改善してきました。

ちょっとやすむ（ちょっと休む）

居場所における作業中の休みの取り方です。居場所では数人が並んでパソコンに向かい作業をしています。三時に休憩の合図がありますが、手を休めません。他の人も同じで休んでもごく短時間です。でも疲れたなあと思ったら三時に関係なく「ちょっと休む」と席を外したり、インターネットでユーチューブをのぞいたりします。一斉休みではなく、それぞれのペースによるひとり休み。これが居場所での休み方です。

ちんもく（沈黙）

一対一で話すときの沈黙が苦手です。人数が多いと楽になりますが、多過ぎるのもだめです。雰囲気にのまれないように場から離れ、感覚を閉ざす対応もしています。これは軽い情緒不安です。沈黙に耐えられず、どうでもいいことを話して墓穴を掘ることもあります。

ついていく（着いていく）

中学校の帰りらしい女の子が歩いていました。私もあんなころがあったなと思い目で追いかけていました。でもからだも動いて、少し離れて後ろを着いて歩いていました。あの子はこれからどうするのかと気になったんです。この中学生の行動にあのころの私を確かめるような気持ちでした。

つうしんせいだいがくせい（通信制大学生）

二〇代後半になり通信制大学に入学しました。所属ができて、社会的身分を取り戻した気分です。それがなければ単なる無職、せいぜい形だけの就職活動中にしかなりません。社会的身分を得て、精神的に半分は家事手伝いに近づきました。何も身分がないよりは少し気持ちが落ち着きます。

つうはん（通販）

通販が広がり定着したからひきこもりが増えたわけではありません。そうとは思いますがひきこもる条件としてはよくな

た

りました。必要とするものが趣味的なものに偏ること、お金が親からの小遣いしかないのが問題です。

つかれた（疲れた）

居場所に通い始めたころは、周りにいる人を見て、うらやましいとか手遅れなんじゃないかと気になっていました。でも他人のことはあれこれ考えてもどうにもなりませんから、どうでもよくなりました。そんなことにかまけても疲れるだけです。疲れたと感じて気を抜いたころから少し自分のペースになった気がします。

つけあがる（つけ上がる）

人付き合いが苦手です。親しくしてくれそうな人がいたので、人付き合いが苦手だったのを忘れて、馴（な）れなれしくしていました。その人から「頼られすぎても困る」といわれ、つけ上がっていたかもと反省しました。

つつぬけかん（筒抜け感）

精神状態が悪いときには自分が誰かに乗っ取られているのではないかと怖くなります。頭で考えていること、想像していることが筒抜けになって、周辺の人に自動的に伝わってしまう感覚です。

期待しないで下さい

がんばれ
がんばれ！
がんばれ
がんばれ！
自尊心

できる！
できる！
やれる！
やれる！
自尊心

すごいよぉ！
すごい！
すごい！
自尊心

プレッシャー
ぎゅ
む
自

ツンでれ

愛情欲求が強く、甘えたいのに甘え方が分かりません。自分に目を向けてもらえば愛情欲求も少しは満たされると思いグループの世話役になりました。注目を浴びて一瞬は嬉しいのですが、甘えるどころか頼られるのに嫌気がさしてきます。ついにはキレたり、うつ状態に陥ります。自分の気持ちとうまく付き合えません。これは私の場合のツンでれだと分かります。

ていたらく（体たらく）

これまで取り組んだことで身に付いたことは一つもありません。これが自分の体たらくです。自分をことばのうえで貶（おとし）めると自分の実態と自分の評価のバランスが図れるみたいです。

できないじまん（できない自慢）

別に自慢をしているつもりはありません。「これはどう、あれはどう」と勧められるたびにできないと思うのです。確かにやる前から「できない」というのはどうかと思うのですが、とても「やってみます」とか「できます」とは言えません。勧める人からは、できないと答えるだけの「できない自慢」する人と思われています。

てちょう（手帳）

手帳は持っていません。これまで持ったこともありません。毎月の予定はほんの少ししかなく、カレンダーに書くか頭で覚えられる程度ですから。手帳を必要とする生活をしてみたいです。

てづまりかん（手詰まり感）

それほど多くのことに挑戦していませんが、自分のなかでは何をしてもうまくいかない予測がつきます。知識、常識、技術、容姿、趣味、性格などいろんなことに何一ついいところがないのです。他の人からはあれがいい、これはどうと言われてもまったく実感がありません。時間とともに若さもなくなるので、何事にも意欲がなく、人生が手詰まりな感じです。

デトックス

毒消し、解毒がデトックスです。身の回りや過去の経験が積み重なって心に毒がたまるとうつっぽくなります。そのことを誰かに聞いてほしくなります。長くて楽しい話ではありません。けれども、話をしてデトックスしないと、からだに毒がまわる感じがして苦しいのです。

でるくいはうたれる（出る杭は打たれる）

ひきこもり界隈では「優れているわけでもないのに調子に乗って何かをするとよくない結果を招く」という意味になります。居場所で目立つと排除・排斥されます。ときにはインターネット上でたたかれます。自分が出る杭になっているのです。

てんいんカルマ（店員カルマ）

お店で買い物をするとき、ほかの買い物客と比べると店員から雑に扱われる感じがします。被害妄想ではないと断言できます。店員は意識してそういう態度をとるわけではなさそうです。ひきこもりの私が放つ何らかの雰囲気を無意識のうちに察知しているのだと思います。その人物判断による見下げ感、差別感が店員カルマです。

てんけん（点検）

ファストフード店に入って、カウンターの前に立ったところで何を注文するかを考えました。メニュー表で一つひとつの品を点検していたのですが、店員さんの様子がなにか妙です。気がつくと私の後ろには数人が並んで「早くして！」の雰囲気です。メニュー選びでは、こんなことが何度かありました。

テンパる

マージャンであと一つのパイがそろえば完成する状態をテンパイといいます。その動詞形がテンパる。他のメンツがそのパイを捨てないか、自分で積もるのではないかと、ドキドキして待つ感じを指します。意味が転じて、私の場合は追い詰められて焦りが募る、緊張感が高まるときにテンパる、または「テンパっている」と表現します。私は、何事でも自分の番になるとおどおどし、自然に動けず、挙動不審になりテンパっています。

トイレ

〔学校のトイレ〕学校の休み時間に一人で過ごす場所。他の人と離れて安心して長い時間を過ごせる場所です。

〔公衆トイレ〕使いづらく、使えないことも多い。人の動きを感じる駅のトイレは特にダメです。個室の隔離性が高いデパートなどはまだ使いやすく、街中の使えるトイレを頭の中で整理して覚えています。

〔駅のトイレ〕電車を使うときに必ずチェックする場所。腸過敏なのでトイレの失敗が心配です。よく使う路線の駅は、トイレの場所をすべて調べています。

「自分の言うことなんていつも聞かなかった」と責められた母親がいます。何か言うのを聞き逃しただけだと思っていた母親は、急に語気強く怒りをぶつけられました。

大人しいと思っていた息子がこのときは違ったそうです。自分が子どものころから受けてきたという母親からの仕打ち、その後の二五歳になる最近までのことをパニックになったようにまくし立てました。これまで言い返してこなかった怒りを爆発させたのです。一時間近くは続いたといいます。

母親は、初めのうちは「それは…」と言い返そうとしましたが、間断なくぶつけられる怒りに、「分からなかったから」となり、ついには「悪かった」と謝りました。母親は、息子が気持ちをため込んで我慢をしていたのだと分かりました。急に話が止まり静かになり、「ごめん」と言って自分の部屋に入ったといいます。

このように感情を爆発させるひきこもり当事者は珍しくありません。彼らは、普段から気持ちを抑制していますから感情表現が苦手です。「怒り方が分からない」と言った人もいます。伝えられずにため込んだ感情は、爆発させるかうつ状態として表す術がないのかもしれません。

しかし、この息子さんはあのときから何かが変わりました。本音を話せたことで、何かふっ切れたのだと思います。数日したら、息子さんあてに郵便物が届くようになりました。本人は何も言いませんが就職活動の履歴書を送り、その返事のようだといいます。

アンガーマネージメント（怒りの制御）で講師を務めた心理カウンセラーさんに私が見聞きしたひきこもりの人が示す感情表現の試みを話したことがあります。

外側から見える彼らの初期の対人場面での感情表現の試みは〝笑い〟です。ぎこちない笑いになりますが、そこから感情表出に取り組んでいると思えます。空笑いが痛々しく見えることもあります。それも彼らの努力です。ですから感情表現として始めたぎこちない笑いは、喜びやおかしさの笑いとは少し違います。ここは笑うところだから意識的に笑う。そういう意味のことを話してくれた人もいます。

私が嬉しく思えるときとは、彼らが私に向かってささやかな抵抗を示すときです。実害のない〝ノー〟から始まることが多いです。何かを頼んだときに「分からない」から始まり「自信がない」「難しい」に進み、「やだ！」と言い始めるようになります。ここまで進むと拒否表現です。

カウンセラーは「ノーが言えるのは信頼できる相手だから、気持ちを受け止めてもらえると感じているからだと思います。答え方はノーでもいいのですが、相手を尊重しながら自分の気持ちを伝えられるようになることです」と言います。だから私がその〝ノー〟にあったとき、おっと思い、

column

ちょっと嬉しく感じてきたのです。拒否は怒りの公認の表現なのです。

　これらの拒否表現は、私への〝甘え〟がベースにあります。そういうベースがあるので拒否ができ、そして怒りを表現できるのではないか？　私はそう意味で私と当事者の関係がある時期に依存的になるのを肯定的にとらえてきました。そういう関係になるから怒りは表現しやすくなると思えるのです。怒りは単独で表れたり、表せるものではなく、特に人環境に恵まれた状態で表せると理解しています。

　あるとき、電話の途中に私に怒りをぶつけてきた人がいます。その人は、冷静になってからメールで謝罪してきました。それに対する私の返事です。

「世の中には安心して怒りを向けられる対象がいない人が多すぎます。感情を抑えてきた人には怒りをぶつける対象が必要です。私にその役割が回ってくるのを嬉しく思います。怒りをぶつけてきたのはあなただけではありません。奇妙に思われるかもしれませんが、そういうとき私の役目があると思うのです。分かってもらえないかもしれません。そうしないと自分を失うのではないかと思う人がいたからです。数年前にようやくたどり着いた私の境地です」

料金受取人払郵便

銀座局承認

7292

差出有効期間
令和5年2月
28日まで

郵便はがき

104-8790

625

東京都中央区銀座5-15-8
時事通信出版局 営業企画部 行

※ 差出有効期間中、切手は不要です。

(ふりがな) 氏名	年齢
住所 〒	
電話番号	職業
E-mailアドレス	

ひきこもり国語辞典 読者アンケート

この度はご購入いただき、誠にありがとうございます。

今後の企画の参考にさせていただきたく、ご意見・ご感想をお寄せいただけますと幸いです。

① 本書をどこでお知りになりましたか。
・新聞・雑誌の紹介記事、広告をみて(新聞・雑誌名：　　　　　　　　　　)
・テレビ・ラジオ　・インターネット (Twitter／その他：　　　　　　　　　　)
・知人のすすめ　・書店で見て　・その他(　　　　　　　　　　)

②本書をお買い求めいただいた理由をお聞かせください。(いくつでも可)
・タイトルにひかれて　・テーマやジャンルに興味があるから
・帯のコメントにひかれて　・表紙がよかったから　・その他(　　　　　　　　　　)

③ 普段、情報を得るのに利用・活用することが多いものは何ですか?
・新聞　・雑誌　・SNS (Twitter/Instagram/facebook)　・テレビ　・ラジオ

④本書の内容についてご意見・ご感想をお聞かせください。

⑤ 著者へメッセージがあればお願いいたします。

⑥ 今後、読んでみたい内容・テーマがあればお聞かせください。

⑦最近読んで面白かった本のタイトルを教えてください。

●ご記入いただいた情報は、当社にて厳正に管理いたします。
●ご感想を匿名で本書の広告等に使用させていただいてもよろしいですか?
□許可する　□許可しない

ご協力ありがとうございました。

とうきょういなかぐらし（東京田舎暮らし）

実家のある田舎には、お店や病院などに子どものころの知り合いや同級生がいます。小さな町なので買い物など出掛ける場所を選ぶ余地はなく、知り合いを避けられません。だから田舎には戻りたくないです。東京にはひきこもり関係の集まりも多く、それにも参加できなくなります。農業とか手作業型のことができれば東京に居続けたいです。田舎と東京を合成したもの、東京にいて田舎暮らしが理想です。

とうこう（投稿）

登校は好きではなかったですが、雑誌や同人誌などへの投稿はひそかに常連だったりします。「とうこう」と聞こえるとどっちなのか気になります。

とうじしゃべんけい（当事者弁慶）

おとなしそうなひきこもり当事者同士のなかでは元気で饒舌（じょうぜつ）です。当事者以外とはおどおどしてしまうので接触したくありません。自分が優位でなくてはだめ、同列ではいられません。自己否定感があり、それが逆に表れるのです。例えるなら当事者弁慶だと思います。

虚像
おはよう！
アッ
おはよう！

でさー
あいつが
さー
わいわい

はっはっはっ

帰宅後ー
ほんとは
話すキャラ
じゃない
のにな……
つかれた……

NM
2020.5.5

とうみん（冬眠）

人間にも冬眠があります。私は一人勝手に長い冬眠生活です。動物は冬季ですが、私は自分にとっての春がいつ来るのか分からないまま、季節によらず冬眠を続けています。

とおい（遠い）

ひきこもりの世界では、「遠い」には交通費がかかるという暗黙の意味があります。時間や距離は関係ありません。だから北海道から沖縄まで、地球の裏側であろうが交通費を出してもらえたら「近い」になります。

とかい（都会）

都会にはさまざまな人がいます。昼間出歩いても周りに埋もれて誰からも干渉されない都会は、ほっとする場所です。光るもの、主張するものが並んでいるのも都会です。こういう周りの影響を受けやすく、流されて自分本来のものが薄くなりがちでもあります。自分らしいものや関心を集中させることが都会生活には大切です。

どくはは（毒母）

子どものころは味方で、大人になると敵だと思うようになった存在が母です。自分の不自由さや苦しさは母との関係にあると分かりました。四〇歳を過ぎても親への恨みが噴き出ることがあります。占い師から「家の中に敵がいますね」と言われて、納得しました。

とけい（時計）

時間を持てあましていると思われがちなひきこもりですが、それだけとも言えません。時間が過ぎるのを速く感じるのもひきこもり生活です。そして時間が過ぎていくのを突きつけてくるのが時計です。時間が進むのが気になって、家中にある時計をすべて止めたことがあります。

としたのじょうし（年下の上司）

働き始めたのは二〇代も終わりでパート勤務でした。小さな職場で自分よりもだいぶ年下の大学を出たばかりの人が上司です。気持ち的にやりづらいですが、数年は辞めないと決めています。元のひきこもり的な状態には戻りたくないし、この葛藤のなかで働き続けるしかありません。

としょかん（図書館）

お金が不要で本を探すだけで時間が過ぎていく場所が図書館です。気に入った本を見つけ、読み始めれば、それだけで時間がたちます。誰かと話すこともいらないし、人気（ひとけ）があるので人間界にいると分かります。たまに図書館が「整理中」で休館だとがっくりし、行くところがなくなります。図書館に着いてから月曜日（休館日）だと気づくと、自分が曜日を忘れた生活をしていると実感します。

とじまり（戸締り）

家族との関係を相談した人の家に泊まらせてもらいました。寝るときには玄関の戸締りがすごく気になります。締めていないかもしれないと、自分で確かめました。心配性なのか、何でも自分で確認しないと安心していられないたちです。

どちらさま（どちら様）

ずいぶん久しぶりに午後の日差しの中で外出しました。たまに外出していたのですが、ほとんどが夜です。玄関先で一息ついていたら「どちら様ですか？」と声を掛けられました。後で親に聞いたら声を掛けたのは近所の人です。子どものころから住んでいるのに、私がこの家にいるのは近所では忘れられています。

とっきょ（特許）

生活に役立つ物づくりのアイデアはいろいろあり、いくつかは申請して特許も取りました。メーカーなどからの問い合わせはないので、商品化の働きかけはこれからです。メーカーに手紙を出して商品化の売り込みです。しかし、現実社会に近づく行動のためなのか、心もからだも震えています。次の一歩をなかなか踏み出せません。

とつぜんのほうもん（突然の訪問）

母は家に帰ってきて自分の部屋のドアをガラっと開けました。そして「来てもらいました」と言って、年輩の人を紹介します。そういえば人が来るかもと聞いていたのですが、この日とは考えていませんでした。来てほしいと言った記憶もありません。自分の驚いた表情を見てその人は「どうする？　今日はやめとく？」と言うので「はい」と答えました。翌週から訪ねてきて話を聞きあっています。突然の訪問でしたが家族以外の人と話せる糸口でした。

ドっとつかれる（ドっと疲れる）

玄関先まで行ったのに入れなかった居場所にやっと入りました。黙っていることができなくて、話せそうな人に長い時間話しました。緊張していたらしく帰った後は、ドっと疲れて数日間寝込みました。長いひきこもり生活の後にはよくあるらしいです。そういえば「また来なさい」と言われていました。次にそこに行ったのは一カ月以上もたってからです。

とてもよかった

十人近くが集まって公園で花見をしました。周りの花見客と見比べるとずいぶん静かで、地味すぎる花見でした。数日後、そこに一緒にいた人から「とてもよかったね」と言われました。この人もこれまであまり楽しい経験をしてこなかったのかもしれません。共通のものを感じました。

ともだち（友達）

自分から「この人と友達になりたい」と思って友達になれたことがありません。親しくなれる友達はいつも相手が選んでくれた場合です。自分で選ぶよりも安心して付き合えます。

とりかえししょうどう（取り返し衝動）

長くひきこもっていた後は、それまでの空白を取り返そうと活発に動きました。見るもの聞くものに次つぎと手を出しましたが、これというものをつかめません。急がずに着実に積み重ねるように勧められています。動いた分の成果は後から出てくる、と慰められました。

とんそう（遁走）

父親からひきこもり支援をする人と会ってみないかと勧められました。父親が話してくるのは珍しいので、ついうなずいてしまいました。当日になったら、どんな感じで怒られるかを想像して怖くなりました。親がいないのを見計らって逃れました。文字通りの遁走です。家におそるおそる帰ると、父親は意外にも静かで拍子抜けしました。怒られるような話ではなく申し訳ないことをしました。

トンネル

歩いてトンネルを抜けようとすると初めは真っ暗ですが、そのうち向こうに明るい点が浮かびだんだん大きくなります。それが出口です。自分のひきこもり生活はトンネルに似ています。やっと人には会えるほどになりましたが、まだ向こう側には明るい点は見えません。

な

にぬねの

なかま（仲間）

仕事に就いてからは当事者同士が集まる居場所には行けなくなりました。居場所が開く日時・場所が合わないし、生活に追われて時間的にも体力的にもいっぱいいっぱいです。それでも居場所で知り合った二、三人とたまの休日に顔を合わせます。特に何かをするわけでもありませんが、がんばれるのは彼らがいるおかげです。彼らはぼくにできた初めての仲間です。

なごやか（和やか）

居場所に数人がいて、緊張しないで話し合うことがあります。そんなとき和やかさを感じます。そういうのを待ち望んでいます。家族でもそうなりたいのですが、ほとんど期待できません。居場所ではときどきそうなります。

なにもない（何もない）

本当に何もありません。三〇歳を超えているのに学歴がない、才能がない、お金がない、資格がない、仕事がない、友達いない、彼女いない、家族がない、実家に帰れない、眠れない、頼りない、おもしろくない、どうしようもない。あるのは寿命だけです。

苦手な質問

とおふじ さおり

なにもないよりはよい
（何もないよりはよい）

障害者手帳の支給を受けて、就労移行支援事業所※に通い始めました。所内では対人関係づくり、コミュニケーションや意思表示のしかたを含むいろいろなプログラムがあります。障害者雇用を受け入れる企業の見学・研修の機会もあり、参加しています。どれも自分にはハードルが高くて期間内に修了し、次に進める自信はありません。それでも何もない生活よりはよいと思います。何かができるにしても他の人よりはるかに多くの時間がかかると思います。

※障害のある人が一般企業に就くための就労支援を行う

なまいき
（生意気）

十歳は年下の高校生くらいの男の子がいます。友達数人に囲まれて堂々と自己主張をしています。生意気な感じですが、自分にはとてもできないことでうらやましいです。私は自分の実際の状態よりも大きく見せないと周りと釣り合いが取れない気持ちでいます。子ども時代は少し生意気ぐらいがいいのです。

なまえ
（名前）

ペンネームやハンドルネームを考えるのが好きです。なりたい自分を名前から探しています。ペンネームは次つぎ変えたので、本命が何か分からないほどです。恥ずかしいペンネームをつけたこともあります。親にもらった名前はそっと保存しておきます。別名をつけるのは自分の実体を隠しておきたい、知られたくない気持ちがあるのかもしれません。

なまみのにんげん（生身の人間）

親しくしているAくんとは中学のころ本気でけんかしました。殴りあったのですがAくんのほうが強いのに決定的なダメージを与えないような殴り方をしてきました。最後はちょっと笑って「やめようか」と言ってきました。それからAくんを親友と思えるようになりました。Aくんには本音で話せます。あのけんかはすごい人間学習でした。人間学習に生身の人間の代用品はありません。

なまり（鉛）

武田信玄のいう「風林火山」では、動かざること山のごとしです。私は動かざること鉛のごとしです。山ほど大きくないけれども、自分のからだに小さな鉛ほどの、でもかなりの重さを感じ動けないです。

にキロさき（二キロ先）

日ごろから危険に近寄らない、嫌なことに触れたくないと思います。視覚がいいのか嗅覚がいいのか、やばそうなことをいち早く感じ取る能力が高いのです。例えると「二キロ先」です。安全確保のために、けんかになりそうな雰囲気を遠く離れた状態（二キロも離れたところ）から避け始めます。何か起きそうな雰囲気を避ける反応は過剰かもしれません。

にぐん（二軍）

居場所での自分の立ち位置を表しています。居場所に何年も来ていて中心メンバーになっている人が一軍です。自分を振り返ると「おれもここではまだまだ二軍だな」という認識です。イベントの参加やお店に入ったときなども目立たないよう控え目にします。それが二軍の振る舞い方です。

にげね（逃げ寝）

ふて寝とは違い、自宅に知り合いや集金人が来たときの対応策です。気分や体調がすぐれずに顔を見せたくないのをうまく説明できないので、逃げ寝で静かにやり過ごします。とにかく寝たまま静かに過ごします。誰でもありそうですが、それが多いのです。

にしび（西日）

夕方、地平線近くにあり家並みに隠れる前の太陽のまぶしい光が西日。昼夜逆転の

みみがちかい（耳が近い）
G「今日は夕方から祭りみたいに露店が出るそうだよ」
K「？」
G「今、下の道路を歩いている人が話しているのが聞こえた」
K「ここは五階だけど聞こえたの？」
G「うん、だいたいそんなことを話していた」

生活になり、午後遅くなって目が覚めます。ぐずぐずしていると部屋に西日がさしてきます。西日は妙にまぶしく、少しもの悲しいです。西日を見ると自分の人生が少なくなっていくような気がします。

にじゅうごじ（二五時）

夜中に目がさえて、これじゃだめという自己嫌悪に押しつぶされそうになることがあります。特別な時間をつくり二五時としたいです。それならまだ明日にはなりませんから。一時的な気休めで、一日（一時間）先延ばしにする気持ちです。

にちじょうせいかつ（日常生活）

日常生活は楽しいです。食べること、買い物、掃除、洗濯が日常生活です。入院していたときはそれらを他の人にしてもらいました。家にいたときも家族が何でもやっていました。それは楽かもしれませんが楽しみはありません。何事も楽を求めるだけなら生活の張りは得られなかったです。

につまる（煮詰まる）

心にストレスや不満などがゴミのようにたまる状態です。家にいて楽しくなくなると、何とかしたいと思うのですが、どうにもならず親の責任にしたくなります。変なことをしそうです。そういう気分が「煮つまった」状態です。

ニート

「若年無業者」を指します。ひきこもりといわれているうちはなんとなく優しく見られていました。それがニート※と言われはじめて空気が冷たくなったのは、「働けるのに働かない人」と理解されるからです。それで就労させる方向に圧力が強まり、逆にひきこもり対策を空回りさせたのです。

※イギリス発祥の Not in Education, Employment or Training, NEET ―が語源

にどといけない（二度と行けない）

居場所に通い始めました。初めの日に責任者の席で話しました。机にゴミがあったのでティッシュでとりました。家に帰って思い返してみると、馴れなれしくて失礼な行動をしたと思いました。そこには二度と行けません。しかし他に行くところもなく、丁寧にお詫びをするつもりで出かけました。真剣に謝ったのですが、責任者はちっとも覚えていなくて、何のことなのか通じません。自分だけが勝手に思い込んでいただけでした。

な

思わぬ効果

夏を謳歌する
若者たち
あははー！
私はひと夏中
ひきこもり…
ハハハ…
夏が終わって
外に出ると…
キョロキョロ…
ん…？
美白だった…
うふ…
あははー！
Makiko

「メロンは苦いから食べられない」という人がいました。味覚過敏で、普通なら気にならないようなメロンの苦みが嫌で食べられないのです。ひきこもり当事者と接して気がつくのは、彼らの感覚の鋭さです。嗅覚や聴覚などの五感だけでなく、気候や気圧の変化、周りの感情や雰囲気など目に見えないものまでを敏感に感じ取っています。

例えば、クラスの誰かが怒られているのを見て不登校が始まった子どもは少なくありません。これは感覚を超えて感性の鋭さが関係する状態です。ことばの裏側にある悪意を察知し、その場限りのことばに違和感をもって生きづらさを抱えてしまうのも当事者に共通する感覚の鋭さ、感性のよさによるものです。

これが対人関係や社会生活で不都合に働きます。ひきこもりの背景にはこうした体質や気質も関係します。それは先天的なものでもあり善しあしの価値判断はできません。不登校やひきこもりは、周囲から自分を守り、自分を維持するためでもあります。

私が当事者からこうした自分の状態を話してもらえるのは、彼らが外の世界と接触をするようになって相当な時間を経てからのことです。長い時間をかけて自分を相対化できるようになり、自分を語ることができます。話せる相手との信頼感や相性も関係しているはずです。

しかし、周囲に違和感がなくなるわけではありません。おそらく一生続くことでしょう。経験と成長によってうまく調節できるようになるのです。

生きづらさにどう対応するかの一般的なことは、できそうなことから始めることです。動く、出掛ける、見に行く、やってみるです。うまくいけばよし、うまくいかなくても失敗とはいえず、体験の蓄積はできます。成果を求め過ぎないことです。年齢によってできそうなことは左右されますが、年齢にかかわらず、自分にできることから手をつけて動くこと、これが対応方法です。

にどみ（二度見）

自分が二度見されるときとは、気になっている弱点、劣等感の根源になるものを確認されるときです。ハンディキャップのある人にとって二度見とは、自分の価値を低く決められた気分になるものです。

にどみしり（二度見知り）

初めて会うときよりも顔を知った後に再度顔を会わせるときが緊張します。どんな表情をして会えばいいのか困るのです。二見知り（ふたみしり）とも言います。

ぬいぐるみ（縫いぐるみ）

母の態度にいらつき手元の猫の縫いぐるみを投げつけました。文房具や食器などを投げたこともあります。壊れそうなものや大事にしているものには手を出さず手加減はしています。これを超えて破壊になると、すっきりしますが、自己嫌悪にもなります。

ぬけがら（抜け殻）

生活の充実感がなく、毎日、何とか生きています。自分は存在するけれども生活の目的など中身がありません。まるで抜け殻の人生です。

ネイティブひきこもり

ひきこもりになる理由はさまざまです。そのうち発達障害や性的マイノリティなどひきこもりになる特別な背景がある人たちはエネルギーがあり、私とは違います。私の場合は感覚過敏的で行動のエネルギーが低く、ひきこもりの元祖型だと思います。原ひきこもりの意味でネイティブひきこもりと言いたいです。虐待、ハラスメント、いじめの被害者も混じるみたいです。

ねこ（猫）

猫は大好きです。猫はマイペースですから飼い主がどうであろうと自分のやり方を変えません。私が猫のようになりたいのはそこです。私は飼い主ばかりか、周囲のあらゆる人たちに振り回されるので、猫のようになりたいです。

ねざめ（寝覚め）

目が覚めました。枕元の時計は六時を指しています。室内も外もうす暗くて、今は朝なのか夜なのかさえよく分かりません。自室で睡眠中心の生活ですが、その割には睡眠不足でもあります。寝覚めたとき周りが暗いとそれだけで悲しい気持ちにとらわれます。ひきこもり生活のめり張りのなさを示しています。

心は急いでいる

7時起床
9時に出かけねば

サイフ入れて
Suica入れて
スマホ、ティッシュ、本、お茶入れて、と・・・

ガス
エアコン
ースイッチ消す、と。

結局、30分遅れか・・・

ねじがゆるんでいる（ねじが緩んでいる）

日常の動き方や思考法に奇妙なことがあるようで「ねじが緩んでいる」と言われました。自分の生活行動を言い当てられたみたいで正直ちょっと納得しています。生真面目で緊張した雰囲気を和らげると も言われるので、変に思われる一方でそれが自分の役目だと思うこともあります。

ネットのせかい（ネットの世界）

インターネットの世界は素晴らしいです。ひきこもる時間の多い生活ですが、おかげで暇を持て余さず、それなりに充実した時間を過ごせます。お金をかけないで情報の共有ができ、うまく使いこなせれば私たちの生活を向上させてくれます。ただすさまじく麻薬性があります。ＳＮＳに深入りし、ネット依存になると怖いので要注意です。

ねぶみ（値踏み）

居場所に来る人のなかには変な利益を狙っているのがいます。心の弱い者の吹きだまりと考えて獲物を狙う感じです。そういうのはスタッフの前では正体を現しません。自分は関わらないように人物判断というか値踏みをします。引っ掛かりそうな人がいたら邪魔をします。

ねむだるい（眠怠い）

眠くてだるいこと。眠たるい、とも言います。東日本大震災のときは目の前の机が動いたので思わず力を出して止めました。このときは意識も目も覚醒した感じです。いざというとき危機感による動きはできました。でもまた日常の眠怠いに戻りました。

ねるす（寝留守）

家にいるとき誰かが訪ねてきた、電話が鳴っている、そういう時に使う手です。居留守を決め込みます。逃げ寝とほぼ同じ意味です。

ねんがじょう（年賀状）

交友関係の程度が分かるのが年賀状です。数枚出して数枚もらうだけなので、交友関係が狭いと分かります。自分が出していない人から年賀状をもらいましたが、その人には返しませんでした。その人ともらった年賀状の枚数を比べたとき、少ないと負けた気になるからです。一枚の重さが違います。ささやかな勝負です。

のうき（納期）

印刷会社でアルバイトをしていました。かなり好きな仕事でしたが納期があり、その日までに作業を終えなければなりません。責任者はそれが口癖みたいに強調します。印刷関係は好きなことですが、納期に追われたら自分にはできません。期限が区切られるのにとても弱いです。納期がないと逆に早くできたり、実力が出せるかもしれません。

のうしじょうたい（脳止状態）

脳死ではなく脳の働きが止まると感じることです。その場になってどうすればいいのか分からず、決められない、動けない状態です。考えられない、考えていないと自覚しています。働きがフリーズしている、凍りついているようです。パニックの一種です。

のっとられかん（乗っ取られ感）

自立の反対は依存です。私の場合は、依存の反対は乗っ取られる感じ、支配され指図されていることです。自分ではないものが自分のなかにいて、動かされ、引きずられています。

のびしろ（伸びしろ）

経験不足に加えてろくに勉強もしていません。「～ができない」「～もできない」と繰り返していたら、母から「伸びしろが大きいということでしょ！」と言われました。逆転の発想で、ちょっとびっくりです。母には感謝しています。

ノマドないきかた（ノマドな生き方）

ノマドは遊牧民、放浪者の意味です。私の場合は、ひきこもりに近い生活です。ノートパソコンとスマートフォンを持ち歩いて、自宅や喫茶店などを作業場にし、インターネットで広告収入を得ています。就職型の仕事がだめで選んだのですが、安定的な収入にはなりません。最先端の働き方と言われてもふに落ちないのですが。

のろでん（のろ電）

ノロノロ走る電車ではなく、呪（のろ）いの電話の省略形です。いろんな嫌な思いが蓄積しているので、ときどき誰かに聞いてもらわないと心がつぶれそうです。電話する相手はだいたい決まっています。悪いと思いますが、死にそうなのでのろ電します。

は

ひ
ふ
へ
ほ

はいかい（徘徊）

散歩をするように心掛けています。家に閉じこもってばかりではだめだと分かっているからです。これが昼間の散歩なら明るく健康的な感じですが、夜だと感じが違います。自虐的に徘徊と言うこともありますす。引け目に感じているのです。昼間は外出できませんから、夜に徘徊しています。

はしゃぐ

居場所で合宿のようなことをしました。他の人の布団の上を歩くなど、はしゃいで修学旅行のようだといわれました。遅れてきた青春なんでしょうか。

はずされる（外される）

本当の気持ちをことばにするのは僭越のような、自分が責任を負うような気がしてできません。でも相手は本筋を外した第二希望を私の希望と受け止めていました。分かってくれるはずだったのですが、外された感じです。自分の気持ちをはっきり言えないことが多く、違ったとらえ方をされやすいです。

はだ（肌）

あまり外出しないからか、肌がきれいと言われます。世間に触れると肌も荒れるんでしょうか。周りの人からはうらやましがられますが、気持ちは複雑です。肌がきれいと言われると、何もしていない生活を見すかされる気持ちになるのです。

はだかのおうさま（裸の王様）

ひきこもり生活が長くなると理想と現実の差が大きくなりがちです。現実を離れた思い込みが広がるのです。内心はオドオドしているのに外に出たときは立派に見えるように歩いていた気がします。裸の王様と同じです。そんな自分に気づくと恥ずかしくなります。

パチンコ

二〇代の後半から二年余りの間はパチンコにはまっていました。パチンコをしたらうまくいったわけです。プロにはなりませんが、勝つ回数が多くて預金もできました。最初は外出しだして喜んでいた家族ですが、やがてパチンコをやめさせようとします。嫌になってパチンコをやめたら、またひきこもり生活に戻りました。パチンコは取り柄のはずですが、生かせませんでした。

ばっくれる

「まずい、失敗」と思うことをして、仕

ひきこもり
五七五

若い人　なんだか怖い　ひきこもり　〔古董〕

事場に行けなくなりました。そのまま仕事を辞めたとき、自分でもばっくれた、逃げたと思います。なかなか次の仕事に就くことができず、失業し半ひきこもりです。逃げるのは、身の安全を守るときと、後ろめたいニュアンスのときの二通りがあります。ばっくれるは、「しらばくれる」に由来し、後ろめたいニュアンスのことばなので、自分に当てはまります。

はったり

強気な感じを受けますが、自分から「はったりです」という人は謙虚さや自己弁護の気持ちもあります。自分では分かっているのです。私もときどき「はったりです」と前置きして自分のなかでは強気のことを話しますが、半分は事前に予防線をはり、自己防衛することばです。

はどうちょうせい（波動調整）

外出時や人の中にいるとその場の雰囲気に気持ちや調子を合わせます。そうしないと取り残される気がするからです。本当は無理をしていますから、いつもの心の状態に戻すための波動調整が必要です。一人になって静かにしていると自分の気持ちに沿った状態に戻ります。

はなしてもわからない（話しても分からない）

とてもことばにできない感情や気分を「話す」のは難しすぎます。ことばにした時点で真実の気持ちと離れています。その真実とは離れたことばから真実に近づいて理解しようとしない人にはそれを聞いても、分からないでしょう。「こちら側の人」はそれでも分かろうとしてくれます。「分からない人」は住んでいる精神世界が違い、ことばだけで「分かった」と勘違いをしているのです。

はなれたところ（離れた所）

みんなの話に加わりたいけどなかなか話に入れません。ちょっと離れた所で話を聞いています。初めての場所だけではなく、いつもそのスタイルです。周りに人がいるのはいいことですが、人の調子に巻き込まれやすいのでこのわずかな距離が必要です。

パニック

気持ちが追い込まれたとき、とにかく早口で何かを訴えることが多いです。相手はよく聞き取れず、次々に話す内容も多いので言っていることが分からないと言います。でもそのときは、私にはそれ以外に何もできないのです。パニックになっています。

ははのひとりえんぎ（母の独り演技）

三〇歳を過ぎていますが、母に連れられて居場所に行くと母と一緒に相談をすることになっていました。予期していないし自分には話す準備がありません。母が一人話すのを聞きながら、これは母と自分との日常の再現だと思いました。母が独りで演じ、自分は横で従う形です。私はその場にいるだけで何も関わってはいません。

はへん（破片）

歩いていたら道端に光っている物を見つけました。少し厚みのあるプラスチックのような破片です。何かの部品だったのでしょう。形・大きさもよく微妙に混ざり合った色がきれいです。この破片は棄てられていましたが、中には貴重なものが包まれているはずです。私はこの破片のようでありたいです。持ち帰り宝石のように扱っています。

ハムスター

部屋を片付ける決心をしました。まずは手近な環境を変えるのです。片付けるつもりが、物を移動させるばかりで片付きませせん。まるで狭い空間をくるくると回っているハムスターのようです。

はらわれる（払われる）

いちばん古い記憶はたぶんおっぱいを飲むときに手で払われたことだと思います。目の前に手が広がってきてやめさせられた像がぼんやりと浮かびます。乳児のときの母によるものでしょう。乳幼児期からこの状況が続いてきたのではないでしょうか。いまでも私が最後に頼るものが見つからない気持ちになるのは、このときのことが心にあるからだと思います。

ばれる

普通にしているようで、本人に有利なことがあります。本当は必死に有利にするように狙っているのにうまく隠しているのです。私がそんなことをしてもすぐにばれてしまいます。ばれないための工夫をして自分の利益を図る人は悪どいのです。それも社会性の一つなのでしょうか。

ハローワーク

職業安定所のことでハロワと略します。ハロワでニート対策が始まり、参加しました。しかし、求められる内容が高いので、早々にやめて居場所に来ました。居場所に来て、ハロワとの違いが分かりました。ハロワは仕事に就くための場所で、居場所は人と関わるための場所です。自分に必要なのは居場所でした。

はんこう（反抗）

気分はずっと以前から反抗しています。社会に対しても、家族に対しても、友達に対しても。さらには、道の曲がり具合から人の服装やあらゆることに反抗していいます。でも関係ないことを口にすると精神状態を疑われます。いかにも分かっているように装っていますが、そういう心に仮面をつけているのが反抗です。何かきっかけがあると反抗心が表に出ます。

はんにゃ（般若）

ある日学校に行くと、私を見る教師たちの顔が般若（はんにゃ）のようです。怒った顔で私を見ています。「何かやらかしたかな」と考えても思い当たることはありません。このことが自分で意識しないことでも、周囲の人には気に障るのではないかと考えるきっかけでした。

ばんのうかん（万能感）

自分には何もできない感覚が急に変わります。特殊な能力を持った生まれだと思い込んだり、「自分はすごい」とうぬぼれたりして、何でもできる何でも分かるという感覚に逆転します。これが万能感です。ときにはそれが態度やことばにも出てしまいます。でもまた無能感に襲われ奈落の底に落ちます。極端に変わるので周囲の人からあきれられ、避けられます。

ひきこもりあざとうきょうと（ひきこもり字東京都）

新しくできたひきこもり当事者の居場所に行きました。参加者は多くはないのにどこかで見かけた人もいます。別の居場所に行っても、見たことのある人がいます。都内でも場所は違っても来る人は重なるのでしょうか。そうすると「ひきこもり字東京都」。外側は違う感じでも中味は重なる居場所の参加者の様子です。

ひきこもりかいわい（ひきこもり界隈）

二〇年ほど前、就業訓練やカウンセリングを行う事業者の集まりで聞いた「ひきこもり業界」ということばに違和感を持ちました。数年前にひきこもり当事者が集まる場では、「ひきこもり界隈」ということばを聞きました。地域的な範囲を指す界隈の方が馴染(な)めると思います。業界が事業者の集まり中心であるのに対して、界隈は当事者が中心で周辺の支援者なども含まれるからでしょう。

図書館
図書館はヒキにはありがたいな
気まずい両親から離れられ

好きな本ばっかりエアコンばっちり
基本、誰にも会わないしね

何より金かからないのが良い（重要）
アッッ⁉

中学ん時の同級生…油断大敵地元の図書館
どきどきどき

NM

ひきこもりかんしゅうろう（ひきこもり間就労）

ひきこもり生活が基本でその合間に働いています。働く合間にひきこもるのとは反対です。働くのは月に五日から一五日ぐらいで、複数の人が時間指定でシフトを組む働き方はだめです。自分ひとりだけで完結する仕事でないとできません。派遣会社に登録し、できそうな仕事の連絡がきたとき仕事に行きます。この働き方で何とかしのいでいます。

ひきずられる（引きずられる）

例えば「細かなことに気が回る」と褒められても、そのまま受け取れないことが多いです。これは心の内で「細かなことを気にする人間に見られている」と変換されて、それに引きずられるからです。自分では分かっていても他人から好意的に言われてもそういう思いが残ります。ごく自然に気持ちが否定的に傾いてしまいます。

ひくめあんてい（低目安定）

気分の落ち込みは動けないとか寝込んでしまうほど深くはありません。外に出られるし、人と顔を合わせることもできます。でも何かを話したり、何かをしたりするにはエネルギーが足りない心身の状態が低目安定です。これが私の通常の状態です。

ひだまり（陽だまり）

一般社会や別の社会的弱者の集まる場でトラブルを起こして排除された人が居場所に来ます。こういう人は居場所でもトラブルを起こしやすいです。これでは居場所が社会から排除された人の集まる掃きだめにされてしまいます。居場所は心の安らぐ陽だまりでないといけないと気を引き締めています。やっと見つけた自分の居場所です。

ピックアップシンドローム

人が集まったときには、自分に関心が向けられるか、少なくとも無視されていないことが実感できないといたたまれなくなります。他の人ばかりに関心が集まると、自分が置きざりにされた気持ちになります。こういう気分をピックアップシンドロームと呼びたいです。

ひとアレルギー（人アレルギー）

食べ物にアレルギーがあるように人に対してもアレルギーがあります。食べ物のアレルギーがすべてのものに症状が出ないように、人に対しても同じです。症状が出る相手と出ない相手がいます。症状が出ない人と関わるなかで徐々に抗体をつくるようにしているのかもしれません。

びどうだにできない（微動だにできない）

すごく落ち込んでいるときです。寝た状態でいますが、寝返りするにもエネルギーがなくてできません。食事もできず、トイレに行くのがやっとでした。何もかもがどうでもよくて、付けっぱなしのテレビも見る気はしないし、消すのも面倒です。この時期がひきこもりの底でした。底着き体験とも言います。

ひとごと（他人事）

子どもが親に危害を加えるニュースが流れています。なんだか神経がそれにすい込まれていくようです。親は「こんなこともあるのか」「ひどい話だ」なんてまったく自分には関係がないような感じです。心の片隅で「他人事（ひとごと）じゃないんだよ！」と叫びたい、叫んでいる私がいます。親への怒りが心の底にあるのです。

ひとのこえ（人の声）

部屋に閉じこもって家族ともしばらく話をしていない日が続くと、妙に不安になります。夜中になると特に不安が強まります。ふとひらめきました。ある電機メーカーのクレーム受付が二四時間体制で問い合わせに応じています。しかも電話料は無料。思い切って電話をかけてみたら「こちらは○○ですが、ありがとうございます」という声が返ってきました。ほっとしたのですが、悪い気がして「すみません、間違いました」と電話を切りました。久しぶりに生の人の声を聞いて不安がいくらか和らぎました。ごめんなさい。

ひとのためならうごく
（人のためなら動く）

体調が悪くなったのか、道路にうずくまっている老人がいました。その人に声を掛け救急車を呼び、そばに付いていました。自分のことでは何もできないのに、誰かのために一生懸命になれた自分に驚いています。

ひとりぐらし （独り暮らし）

親と一緒に暮らすと窮屈なことが多いので、親元から離れたら精神的に楽になれるはずです。アルバイトをきっかけに実家に近いところで独り暮らしを始めました。独りで暮らすと家賃や生活費の負担がはっきり見えます。バイト先のことも部屋の整理や食事なんかも全部自分で処理しなくてはならないのが独り暮らしです。私には「暮らす」という意味が分かっていませんでした。アルバイトを辞めたら一気に自宅でひきこもりになり、かえって苦しくなりました。私には独り暮らしは向かないのでしょうか。

二度見知り

は

人見知り…
というより
二度見知り
初対面や
その場限りの
つきあいなら
そつなくできる
ニコニコ
そうなんですねー
でもある程度
顔を合わせてゆく
関係は途端に
怖くなる
ギクシャク
何もないスカスカの
内面が見すかされそうで
怖いのだ
仕事は
何してたの？
えー
……っと
……。
Makiko

一年あまりの精神科への通院後、Aくんは障害者手帳の交付を受けることになりました。本人にとって、福祉に頼ることへの葛藤や自身を障害者だと受け入れることへの戸惑いがどれほどであったのかは分かりません。この種の物事をあまり気にしないようにも見えるし、何しろ口数が少ないのです。それでも少しは悩んだのかもしれません。

ひきこもり当事者の多くは初めから好んで福祉サービスを利用しようとはしないからです。何十年もひきこもっていたり、生活が困窮して行き詰まるようになって福祉サービスにたどり着く人がほとんどです。福祉サービスを利用するために必要な医療機関の受診も敬遠される一因ですし、家族が〝障害〟に拒否反応を示して精神科を受診させないこともあります。

Aくんは、障害者手帳の交付を受けた後、働こうとする意志が表れました。これまではこれという手掛かりがないので働こうという意思表示はできなかったのかもしれません。居場所で見かけなくなったZくんが障害者手帳を利用して就労支援を受けていることを知ったことも少なからず影響しているのでしょう。

Aくんはひきこもり期間が長いですから、まずは生活の整え方や人との付き合い方など、社会生活に必要なことを身に付けることが必要です。しかし、いろいろな面で受け身であり、周囲の環境づくりも自分からは手が出ません。

幸いなのは、パソコンが得意なことでした。独力でかなりの知識と技術を身に付けています。それが人と関わる手掛かりになります。次に向かう先はパソコンの技術を生かせる福祉施設の作業場です。ここから社会とつながれる見通しができて、気持ちが楽になったとAくんは話してくれました。

福祉サービスは、利用者に応じた自立と社会参加を促す社会のセーフティーネットのひとつです。利用することが自分を生かす方法を見つけるきっかけになりますし、社会負担の軽減にもつながります。そういう面も知ってほしいと思います。

ひとりっこきしつ（一人っ子気質）

きょうだいはいるのですが一人っ子かと聞かれます。集団行動が苦手、空気が読めない、一人で遊ぶのが好き。こういうのがきょうだいのいない子ども、一人っ子の特徴ですか？　私は常識的に行動する人とは違って見えるのでしょうか。

びみょう（微妙）

ある人に誘われました。何をするのか分かりませんが、せっかく誘われたので断るのもまずいです。ただそのとき実際に動けるかどうかの自信がありません。それで「微妙」と答えました。行動できるかどうかは、そのときの気分と体調によりますから自分ではどうにもできません。どちらに転んでもいいのが「微妙」です。

ひゃくてんまんてん（百点満点）

中学生のころ、親が要求するテストの点に際限がありませんでした。九五点では、なぜあと五点が取れないのかと追及されました。百点でも褒められることはなく、百点の人の数を聞かれました。百点でも認めないような感じで攻められました。私はどうすればよかったのでしょうか。圧迫が強すぎて暴力じゃないかと思います。

ピュアなひと（ピュアな人）

仕事に就いていないし、社会で人にもまれていません。素直に言うことを聞いているので、ときどきピュアな人と言われます。自分ではピュアなものは腐りやすいと思っています。純粋で混じり気がないと抵抗力がなくなり害に犯されやすいのです。抵抗力をつけたいのですが、いざとなると身がすくむ思いがして動けず、身に付きません。

びよういん（美容院）

女性にとって美容院は気分がよくなる場所でしょうが、私には複雑な思いになる場です。美容院では大きな鏡に向かい、欠点を含めて自分の顔が見えます。自分の姿が洗いざらい映されたうえに、「お仕事は何されていますか?」「今日はこれからお出掛けですか?」など返答に困る質問をされるからです。美容師さんとのトークが苦手なのでいつも寝たふり、雑誌を熟読するふりをしています。

ヒーラー

人を癒（いや）すヒーラーになりたいです。愛情不足のなかで育ったからか、人を信頼しきれません。それを補ってもらいたいのですが、いまさら親に求めてもできないでしょう。その代わりになるのは、自分が癒し役

コロナより　他人の目怖い　ひきこもり〔古董〕

になることです。愛情で包むのは難しいけれどもダメージを受けた人を癒す役はできるかもしれません。

ひろうかみ（拾う神）

診療所の先生。私の話にしっかり耳を傾けつつ、的確に診断を下すその姿勢に温かさと安心を感じました。退室時に「大丈夫、絶対治るから」と笑顔で私に手を差し出し、握手をしてくれたのです。本当によく拾われたなと思うし、「捨てる神あれば拾う神あり」とはこのことだと思います。失敗もありましたが、この出会いにより前に進めました。

びんかん（敏感）

「敏感すぎる」と怒られたことがあります。自宅の横がゴミ置き場で、近所の人がゴミを置きます。袋からこぼれ出ているのが何度か重なったので、ちゃんとするように頼んだら「敏感すぎる」と言われました。確かに臭い(にお)には敏感ですが、それで怒られるとは思いませんでした。

ピンどめ（ピン留め）

自分の思い通りに動けません。からだのどこかがピン留めされていて、自由に手足を伸ばせません。考え方もどこかに固定され、固まっているかのようです。

ふあん（不安）

意外にも、とても楽しいときに突然不安になることがあります。久しぶりに人の中に入って自分もそこで居場所を確保できて嬉しいと思いながら「これは今だけ」「もうこんなことは二度とない」という気持ちがわいてきます。心から楽しめません。何でも悪いほうに予想してしまいます。

ふあんいぞん（不安依存）

不安要因がないと他に何もなく、消滅する気分になって自分を感じられません。不安があると、不安に悩むことで生きていけます。不安に依存するのです。不安があることが私に残された存在証明になっています。

ふおん（不穏）

父親が家にいるとそれだけで何かが起こりそうで気持ちが落ち着きません。無言の圧力、存在の圧迫感がどこからともなくじわりと漂ってきます。顔を合わせないようにしているのですが、からだにしみ込んだ記憶がよみがえり、ひとりでに気持ちが不穏におびえます。

ふこうじまん（不幸自慢）

誰かがつらい体験を話しています。自分

もつらい体験を話したくなります。自分の体験の方がよりつらいことを伝えたくて、話が止められません。さらに別の人が話に加わると収拾がつかなくなります。不幸話の合唱になり、それぞれが自分のつらさこそが一番とアピールします。不幸度を自慢し合っています。

ふこうたいしつ（不幸体質）

病気がちで、学業や仕事に支障をきたしてうまくいかず、学校も辞めて仕事にも就けずにいます。異性に近づけず、家族とも何となく溝がある悪循環です。そんな自分を不幸体質と表現したいです。

ふしぜん（不自然）

人と正面で向かい合うときはドキドキするものだと思いますが、私の場合は異常かもしれません。向き合っていなくても、人と離れていても、通りですれ違うだけでも緊張し、不自然になります。家から出て外出する時点で、すでにそういう不自然感を予測しています。これは意識せずに表れる心の反応です。

ふじょうり（不条理）

人様（ひとさま）には迷惑をかけないように気をつけています。向こうから歩いてくる人がいたら、気をつけて道の端に寄ったり、ゆっくりと歩いたり。水たまりがあれば相手が歩きやすいように自分がその水たまり側を歩き、気を遣います。でも後ろから急ぎ足でやってきた人がドンっとぶつかり、ろくに謝りもせず追い越して行きました。この行動はどこから見ても正当化できないでしょう。だから不条理ということばが浮かびます。世の中の不条理に敏感な自分です。

ふつう（普通）

普通であることは難しいです。私にとって普通はかなり高いレベルを指します。最近は「フツーにうまい」の言い方が広がりました。人により解釈に違いはあるかもしれませんが、かなりうまいという意味になります。普通とは高いレベルのことも指すと分かると、普通以下の自分でも一時的ですが安心できます。

ふっきれる（ふっ切れる）

自分の不登校をした経験が、あまり悪いことではなかったと思い始めたとき、自分は自分の道を行く気持ちになれました。いろんなことを超えてさっぱりして、ふっ切れた感じです。いまの自分がいるのは不登校経験があるからです。不登校の経験を「あれもありだったな」程度に考えられています。

被害妄想

部屋にいる時…
……
下から
ゴニョゴニョ
ボソボソ
ホントにもう…
私のワルグチ
言ってるのかな
ムカッ
トントン
ヒソヒソ
ゴニョゴニョ
ボソボソ
ワタシの悪口
いうのやめて!
もーおこるよ!!
悪口なんて
言ってないヨ
?
何のコト?
ホッ
そうだったの

フリーズ

からだが固まって身動きができない感じです。相手が怒っている、驚いている、そういうときに反応できずに固まります。見ている人は反応しない人間と思うかもしれません。また多くのことを同時にこなそうとすると何もしないことと同じになります。これらのときはパニックであり、フリーズしています。

ふりだし（振り出し）

もうここまで年を重ねてしまうと（三〇代）、先が見えてしまってやる気がそがれます。できれば子どものころに戻ってやり直したいと思うことはしょっちゅうです。これまでの経験を得たまま振り出しに戻りたいです。

ふるしんぶん（古新聞）

自分の部屋には、古い新聞が重ねられています。読み残しや取っておきたい記事を整理しきれないからです。家族に新聞を捨てられそうになったときは、自分が消化していない想いまで消去される気がしました。なかなか捨てられません。

ふるほんや（古本屋）

子どものころから本が好きでした。図書

館をよく利用したし、古本なども買いました。よく読むのはアニメ系ですが、宗教書や哲学書など結構難しめの本にも挑戦しています。就職の形で仕事に就く自信がないので、親に相談して家の一角を使い、古本屋を開くことにしました。これならできそうだと思ったからです。しかし、商売としては難しくて成り立たず、趣味の域を出ません。

ふろのふた（風呂のふた）

入るときにはいらなくて、入らないときにいるものは何でしょう？　答えは風呂のふたです。親は私には不要なことをし、私が本当に必要なことをしてくれませんでした。風呂のふたと似ています。子どもの私にいちばん必要だったのは、私のことをよく見て心で感じて分かってもらうことです。

ぶんたん（分担）

一つのことをいくつかに細分し誰かと一緒に協力して進めるのは苦手です。何かをすること自体に興味はありますが、一人でできないときはちょっと苦しいです。せめて一人ひとりの分担範囲を決めてもらうと、気分が楽になります。最善を尽くせそうな気がします。自分の領分に入って来られると難しくなり、嫌なのです。

ぶんつうちゅうのひと（文通中の人）

ひきこもりながら文通し、ときどきメール交換する相手がいました。個人的に付き合いたいと言われたのですが、私自身のことに精一杯で身動きが取れません。かなりたってから年賀状に「結婚しました」とありました。何かを待っていてほしかったのですが、それが分からないうちに消えました。

へいおん（平穏）

平穏な毎日が続くと、このまま何事もなく毎日を過ごせそうだと思います。それは錯覚です。ちょっとしたことで一気に崩れます。不安感が増すと今度は現実が突きつけられるように迫ってきます。何もない現実に気づくと怖くなり、不安が加速する日々に変わります。

へいじょうしん（平常心）

ゆっくりできる喫茶店を知っています。人の出入りの多いファストフード店よりも楽です。ファストフード店では、人が多く混雑しがちなので、早く立ち退いてくださいという店員の気持ちが分かって、平常心でいられなくなります。自分のペースでゆっくりできる喫茶店では平常心を保ちやすいと思います。

へいせいじだい（平成時代）

ちょうど平成が始まった三〇年くらい前に私のひきこもりも始まりました。そして平成は終わり令和に。四〇代の私のひきこもり生活は終わりません。追い込まれた気持ちは少なくなっていますが、人付きあいや生活上の不得手なことは多くあります。

ペット

話す相手がいなくて、いろんな思いがたまってくると、飼っている猫に話しかけます。相手が人だと反応が気になりますが、猫だと気にしなくていいので楽です。ペットショップに出掛けてペットに話しかける人もいるようです。その気持ちは分かります。

ベッドのかいたい（ベッドの解体）

捨てるためにベッドを解体しました。カッターを握り、思いきりマットにつき立て、そのまま斜めに切り裂きました。母や憎い人を思いながら、何度も刺しては切り返しました。気がついたら、ベッドはボロボロです。止められない快感がありました。両親はその状態を見て、気がおかしくなったと思ったそうです。ベッドの解体でストレス解消できて、すっきりしました。これは暴力ではない怒りの解消の方法です。

美容院

勇気を出して
美容院へ
目が泳ぐ…
ふと置かれた雑誌が
ダイエット特集
am·am
夏までに
ダイエット
ネガティブ思考
私が太っているから…？
今日はお仕事お休みですかー？
あ…はあ…
仕事してない…
どっと疲れて
帰宅…
でも髪はサラサラ…
うれしい…
Makiko

へんじ（返事）

返事は短くて、自分の意思を表せる方法を選びます。「いや」「できません」「別に」はことばの返事。無言、無視という態度だけで示すものもあります。どの返事も反発したり、同調していない受け答えです。人の思い通りには動かされたくない、「その手にはのらない」と思うからです。ただ何かを問いかけてほしいときもあります。そんなときも返事はぶっきらぼうです。

へんしんがんぼう（変身願望）

突然変異したいです。ある瞬間から一人前の社会人として動いている自分を想像しています。知り合いに「あの人のことは勘違いしていた」と思われるのがベストです。ときどきこんなことを思い浮かべています。これは自分でも気づいていない何かに挑戦する気持ちを表しているのかもしれません。

へんにめだつ（変に目立つ）

無視されるのも嫌ですが、注目されるのも苦手です。このバランスが難しいです。髪が長くなって、顔の表情が分からなくなったと密かに喜んでいました。ところが気がつけば、髪を長く伸ばしている人と呼ばれています。隠すつもりが逆に目立つことになっていました。こういう変に目立つ体験がよくあります。

へんぴん（返品）

仕事をするため派遣会社に登録しようと思い立ちました。でも、その派遣会社からどこかに紹介された私はすぐに不良品として返品されるのではと怖くなりました。結婚することを考えても相手から返品されるのではないかと消極的になります。

ほうちょう（包丁）

家族など身近な人の前に出すときは「これ以上は何も言わないで」という意思を示すために持ち出す例外的なパントマイムの小道具です。防衛のためであって攻撃のためではありません。ここが分からずに変な動きをされると事故になるので注意してください。

ぼうりょく（暴力）

これ以上傷つけないでという怯（おび）えや恐れから出るのが暴力です。心を傷つけられたぶんだけ手が出てしまいます。軽く見ないで尊重してほしいという気持ちの表現です。心を繰り返し傷つけられると繰り返し暴力で応えるしかありません。

ほし（星）

夜は孤独な気分になりやすいです。比較的高層のマンションにいるので夜になると街に広がる灯（あかり）を眺められます。しかし、街は雑然として気分は落ち着きません。空を見上げて星が輝いていたら、すっきりした気分になります。都会では星もポツポツとしか見えないですが、ときどきすっきりと見えることもあり嬉しいです。星は気分が落ち込んだときの気分転換になります。

ぽんこつ（凡骨）

使い古して動きの悪い自動車をぽんこつといいますね。自分はそれと同じです。漢字で書くと凡骨で、「平凡な才能・素質」と辞書にあります。それほど極端に低く落とした表現ではなさそうです。

ほんとうのともだち（本当の友達）

友達らしい人はいたと思います。しかし本当の友達とは違います。お互いに何でも言い合って分かりあえるのが本当の友達です。どこかにいるはずなので、自分の周りにいる人を本当の友達とは認めたくありません。

ま

みむめも

マイペース

機械を扱う仕事をしています。仕事が丁寧なことは評価してもらえますが、周りの人のスピードについていけず苦しいです。でもどうしても自分のペースが崩せません。マイペースで続けるしかないですが、焦りはあります。

マスク

マスクをする人が多くなりました。私は十代のころからマスクをしています。マスクをする人が増えたので、目立たなくなり嬉しいです。私がマスクをするのは顔色、表情を隠すためで、精神安定剤のようなものです。新型コロナウイルスの騒動が落ち着いたらマスクをする人は減るでしょうが、私ははずせません。

まねこちゃん（真似子ちゃん）

街で見かけた人や友人の服装が自分のものより素敵に見えて、似たものを真似（まね）て買います。周囲に流されやすいです。街中や仲間同士で同じような格好の人が増えると、反動で全く違うジャンルのものを買います。奇抜なものではなく、常識的なものです。しかし似合わない気がして着ないままタンスの肥やしにします。周りに左右されるだけで、自分の好みがつかめないままです。

銀行員の臭い

F「今日、来るときに銀行員みたいな臭いがしていた」
T「銀行員？　病院の臭いなら何となく分かるけどな」
F「うん、仕事人というかビジネスマンにあるような臭いですよ」
T「へー、そんなのを嗅ぎ取るんだ」
F「サラリーマンの臭いかな。電車が混んでいたんだね」

まひ（麻痺）

精神状態が比較的正常なときが続くと、いつの間にか不安感が増しています。周りがそれほど気にならない状態になると動けるようになります。感覚が思い違いをして動けるのではないかと思っています。この繰り返しが私のリズムみたいです。

まぶしい（眩しい）

元気に働く若い女性がいます。ピカピカ光って見え、眩しいです。振り返って自分を見ると黒っぽいものや無地のものが多くて、全体的に雰囲気が地味だと思います。目立つのは避けているので華やかな服装はできません。納得はしていないですが眩しく輝く人のようには変えたくありません。

まるぼうず（丸坊主）

小学生のころの写真が出てきました。丸坊主で、自分でもいいと思いました。おとなしそうでも、明るい雰囲気があります。写真を見ながらいつの間にかあのころの思い出に浸っていました。難しいことは何も考えずに動き回れていたあのころに戻りたいです。

不幸自慢

同級生から
仲間はずれされた

オレなんか殴る蹴るだよ

毒親ってキツいぞ
ガミガミ

そっちはまだまし
いや、こっちだって!
1
2
3
みんないたわりあおうよ

まわりみち（回り道）

家まであと少しのところで近所の人が前を歩いているのに気づきました。追い越さなくてよかったと思う一方、その人が振り返りあいさつしてきたらどう返していいのか分かりません。不自然に立ち止まると他の歩行者がどう思うかが気になり、つい脇道に入りました。そんなことで家までの距離が遠くなります。いろんなことが気になって回り道をするタイプなんです。

まんねんどこ（万年床）

家にいて申し訳ないほど何もしていないと、床や畳よりも布団の上がよくなります。家での自分の居場所は布団の上だけが定位置です。うっかり布団をたたむと自分の居場所がなくなる気分に襲われます。

みせかけげんき（見せかけ元気）

子どものころから親の口癖は「いつも元気で健康に」でした。倒れるくらい体調が悪いこともありますが、そんな姿を見せたら怒られます。帰るときは家から離れたところのベンチで呼吸を整え、表情を確かめてから玄関に入ります。気持ちが変になることもありますが、これが普通の生活です。その結果がいまのひきこもりの私で、何かが起きそうな不安を持ち続けています。

みちあんない（道案内）

急に道を聞かれるのは苦手です。相手は急いでいるのか、勢いがあって目が血走っています。これには自分のテンションを上げて、怒っているような感じで答えると不思議とスムーズに通じます。普段の自分のテンションがどれだけ低いのかが分かります。

みっかがげんど（三日が限度）

登録制の仕事で週三日働けるようになりました。働いたら最低一日の休養が必要です。心身の負担を避けるために連続して働けません。だから働くのは週三日が限度で四日は無理です。

みつだん（密談）

親しい人同士だけでできる内輪の話が密談です。誰かが私の方を見てこそこそと話をしているのを見ると悪いうわさ話をしているのではないかと勘ぐってしまいます。よくない雰囲気があるのでそう受け取るのですが、そうじゃないかもしれません。密談されるのは嫌だけど、密談できるような親しい関係の人は欲しいです。

むこうがわのひと（向こう側の人）

表面的なことばの表現だけで、すぐに

判断する人がいます。私は一つひとつのことばをよく考え、言った後もその言い方がよかったのかどうかを振り返ります。「元気ですか」と聞かれ「元気なんですが」と答えました。そうしたら「元気なんだ、よかったね」で終わりました。私のいう「元気なんですが」はこの受けとめ方とはほんの少し違います。でもその人にはそれを求めても無理です。その人は「向こう側の人」です。

むじかくハラスメント
（無自覚ハラスメント）

不登校やひきこもりを話し合う場が開かれると聞いて、母と参加しました。母はようやく私の不登校を認め始めたので、一緒に連れていく感じでした。自己紹介で中学時代の母について話しました。友達が訪ねてきたときは、服装やことば遣いが気に入らないと家に入れないのです。大切な私の味方になる人でしたが、友達を失くし学校に行けなくなりました。押し付けがましくて無自覚なハラスメントみたいな仕打ちです。その会合では母は言い返すことなく、静かにそれを聞いていました。帰りに母は謝ってくれました。私も言いすぎてごめんと謝りました。激しい場だったかもしれませんがよかったです。

むしのきもち（虫の気持ち）

憧れの人がいて華々しく見えます。行動的で言うことがはっきりしていて、まるで大きな美しい蝶を見ている感じです。自分を振り返ると貧相な蛾です。勉強だけはしてきたけれども、何をしたいのかつかめずにいます。虫の気持ちになって、大きな蝶に憧れの気持ちをもって見とれています。同性の先輩への憧れが膨らんでいます。

むずかしい（難しい）

難しいことの本質が「恥ずかしい」ことであるのは珍しくありません。「難しい」と「恥ずかしい」は音が似ているだけではなく、意味も重なる類似語です。私がいろいろなことに取り組むのを難しく感じるのは、取り組む自分が不完全な姿をさらしているのを想像して恥ずかしく感じてしまうからです。

むだなこと（無駄なこと）

自分のしていることはほとんどが無駄なことで何の役にも立ちません。それは「現実」に対比して強く思います。趣味、道楽、遊び、休息、暇つぶしの類です。現実に生きていくのに必要な「金を稼ぐ」がないからです。その反面、世間でいう娯楽的な金の消費も少ないです。

column

「愛」をテーマに書こうとしたのですが、思い当たるエピソードが見つかりません。この辞典のなかには結婚や同棲について、親子や男女間のスキンシップについてもいくつかを紹介しました。愛され願望の4コマ漫画もあります。それらのなかにすでに「愛」の素材は十分あるのでしょうか？　そうだとすれば私の「愛」に関する鈍感さは相当なものだと証明されることになります。

このように「愛」は、ことばで表現しづらいと思っていたところ、「深い思い」と教えてくれる人がいました。親子（家族）・男女・友人の間の積み重ねられた相手を思いやる「深い思い」、それを「愛」というのに納得できました。

ところで私が見つけようとしたのは「受け取る愛」ではなく「受け渡す愛、与える愛」です。ひきこもり当事者や経験者には、周囲の人に感じさせる愛の空気が希薄であると思うのですが、それもまた私の「愛」に関する鈍感さを証明するものなのでしょうか？　感情を感知する能力が低い私には「その通り！」と言われてもやむを得ません。しかし、こう継ぎ足したいのです。

深い思いから生まれる愛の形ではなくとも、親切に誠実に対応することなら、不十分であっても愛に鈍感な私にもできることかもしれません。

むねキュン（胸キュン）

よく胸のあたりが苦しいような感じがして手で押さえます。胸といっても頸（くび）の下あたりで、呼吸が苦しいのとは違います。切なく苦しいというか、やりきれない、空しいような気持ちを落ち着かせる感じです。世の中的には「胸キュン」というのがいい感じのときに使われていますが、それとは違います。

むみかんそう（無味乾燥）

社会に適応するために、楽しみや趣味をどこかにしまい込んできました。その状態に適応してきた自分は無味乾燥な世界に生きる人間になっています。

めいおうせい（冥王星）

太陽系の惑星から冥王星が外されると聞いたとき、自分が人間から外される気がしました。正式にあなたは人間ではないですと告げられた気分です。自分が人間界にムリやり所属させられてきた感じと重なったのだと思います。それを冥王星が太陽系の惑星から外されるときに感じました。

めざめかけ（目覚めかけ）

三〇歳を過ぎています。公園に行ったら足元にボールが転がってきました。キャッチボールをしていた少年が来たのでボールを投げ返しました。そのとき子どものころにしていた野球を思い出しました。生き生きした感覚です。まだ目覚めてはいませんが、目覚めかけの気分です。いつから眠ったような意識になったかは分かりません。

めんせつ（面接）

仕事やアルバイトに就くときの高い壁が面接です。自分のこれまでの貧しい人生が暴露される場でもあります。仕事はできそうなものを選びますが、面接の壁はかなり高いです。「これまで何をしていたんですか」と聞かれると答えに窮します。その予感があり面接自体に恐怖感さえ持ちます。面接を受けながら感じるのは採用されなかったら落ち込むだろう、受かって働くことになれば怖いだろう。そういう予感です。

メンタルしゅふ（メンタル主婦）

ひきこもり的な私が結婚しました。当事者のなかでは妬まれているのではないかと気がひけます。一方、主婦としていろいろできないプレッシャーをかけられます。体調に関係なく家事をしていますが、ときには寝込みます。相談相手もいなくて孤独です。結婚していれば友人はいらないと言われます。メンタル主婦には相談先もなく、支援してくれる人はいないでしょうか。

不登校情報センター

不登校情報センターのマーク

音楽の休符記号を擬人化してデザイン

スクワットの途中か空気椅子のような

中腰のつらい姿勢とも見える

休んでいるようで休んでいない

ひきこもりの状態を表している

……かどうか？

勝手に考えすぎか

〔古董〕

メンタルナンパ

自分から人に声を掛けることはできませんし、同世代の女性に声を掛けるなんて想像もできませんでした。あるとき居場所で重そうな箱を抱えて歩く女性がいたので思わず「手伝います」と箱を抱えたら感謝されました。それからその人と自然に話すことになりました。その女性も人見知り的であまり目立つ人ではなかったのですが、あとで居場所に通う人からメンタルナンパといわれました。考えてもいなかったので驚きです。

もういちどのこうこうせい（もう一度の高校生）

高校時代に多くのやり残しがあって、そこを埋めないと前に進めない気持ちです。大学は卒業していても別の大学に入学できます。不登校のまま卒業した中学生は夜間中学に入学することができます。けれども高校を卒業したら「もう一度」がなく、やり残した感が解消できず、いまだに続いています。高校生をもう一度やり直したいです。

もうおそい（もう遅い）

〔女性〕これから誰かと出会い、交際し、

結婚し、家庭を築き、子どもを産むと考えます。しかし、「もう遅い、間に合わない」気持ちです。晩婚化が進んでも気休めになりません。子どもを産まない独身者が増えていても私とは違います。やれるのにできない（選ばない）のと、もともとできないのとは意味が違います。

〔男性〕大学を卒業してから働かないいま三〇代になりました。今から社会復帰といってもたかが知れています。どうせ社会の底辺に置かれるだけなので本気になれません。取り返しはできないし「もう遅い」のです。

もうおとななんだから（もう大人なんだから）

「もう大人なんだから」と言われます。私は大人になるための手続き、過程をすっ飛ばされてきました。社会の裏表をわきまえているのが大人であるという謎の基準を超えていません。突然に「もう大人だから」と言われても、私には意味がないのです。

もさく（模索）

模索は修飾されたことばです。実際の私は混乱して、何が何だか分からない状態でうろうろ迷っているだけです。それを模索とか模索しているといえば、少しはちゃんと前を向いて整っている感じになります。こういうことばの雰囲気で実際を飾っているのです。救いのことばみたいですが、どうにかしろと催促されているのが本質だと思います。

もとひきこもり（元ひきこもり）

ひきこもりを経験した人で、就職したり社会で活動したりする人がいます。そういう人が相変わらずひきこもりを自称するのがつらいです。私はひきこもったままです。しかし、家族や周辺の人は「ひきこもりといっても働ける人もいるでしょ」と言って、そういう例を持ち出してプレッシャーをかけてきます。現在ひきこもりと元ひきこもりを分けてください。

ものがたり（物語）

関係ないのに、壁を汚したと思われました。弁解すれば逆にこじらせるかもしれません。この事態を挽回（ばんかい）するためにどうしたらいいのかを考えていたはずなのに、いつの間にかかなり苦味のある空想の物語を作っていました。甘さで味つけできれば悲劇のヒロインが登場する名作になるかもしれません。現実を物語に変えてしまうのが私のストレスの解消方法です。

不眠症？

夜、寝つけない
何で？
1匹
2匹
3匹
夜、眠れない
病気かな…
あんたネ
昼すぎまで
寝て運動しな
くて寝られる
ワケ
無いでショ！
そっか、
ほっ
安心した♡
病気でなくて
良かった…

や

ゆ
よ

やかれる（焼かれる）

エネルギッシュで元気いっぱいの人の中にいると、その熱気で自分が焼却されてしまいそうです。エネルギーあふれる人の熱気が火のように熱く感じられ、自分が冷めていると分かります。感じるのは自分のエネルギーの弱さと他の人との落差です。

やくわり（役割）

中心になり、数人をまとめ、全体の方向づけをする役割はできません。中心の人から自分にぴったりのことを見定められて任され、自分の能力に合うとき「できるかもしれない」気持ちになります。そこで自分の役割を果たしていきたいです。そこを見定めてくれる人がほしいです。

やこうせいどうぶつ（夜行性動物）

起きるのが遅く、午後になってからよく目が覚めます。昼は天敵だと感じる人が多く、夕方から夜にかけて動き出すので夜行性動物と同じです。家の中にいても夜にゴソゴソと動いています。

やすみじかん（休み時間）

中学時代、休み時間になるといつも机で本を読んでいました。初めはそんな私にも声を掛けてきた同級生も、反応しない私にだんだん声を掛けてこなくなりました。本を読むのがそんなに好きなわけではないのですが、静かにしていたかったのです。私にとって休み時間に本を読むのは、同級生との接触を避けながら教室で過ごす工夫です。それが教室を居場所にする方法でした。

やっかみ

うっかり自慢なんかはしないことです。それだけじゃなくて、自分にとって嬉しいことも嬉しそうに話さないことです。自分がやっかみの対象になりかねません。ひきこもりでもたたかれる対象になります。「不幸自慢」をしがちですが、反対の「幸福自慢」もほどほどにしたほうがいいのです。

やったもんがち（やったもん勝ち）

自分の不甲斐なさを表すことばです。あるひらめきがあったのですが、そのままになっていました。ところが他の人がそれを行動に移し注目されています。そんな自分を表すとき「やったもん勝ち」と非難がましく思うことで平常心を保ちます。不甲斐なさを落ち着かせる方法です。

やっぱり

こんな自分に何かが起きるとは思えません。たいした結果にならないと分かっているので期待もしていません。それでももしかしたらと思って「～をしてみた、行ってみた」が、何もありません。こんなことを何度か経験しました。これが「やっぱり」です。

やればできる

「やってみなさい」と促していることばですが、前向きな気持ちになるのは、TPO（時期、場所、機会）に左右されます。自分が臆病（慎重、勇気がない、不決断）であることは認めています。けれども「やればできる」の一本調子で行動を迫られても心は動きません。これは「やりとげたことのある人」が言うことばです。やってみてできなかった人には通用しません。どちらかというとこっちの方が多いのではないでしょうか。

ゆいごんじょう（遺言状）

二〇代なのに遺言状を書いたことがあります。正式なものではありませんが紙に丁寧に書きました。自分の持ち物はたいしたものはないし、預金も財産も何もありません。生まれてきた感謝とお詫びだけの遺言状です。大切に保管しすぎて逆にどこに置いたのか分からなくなりました。頭のなかではときどき書き直しをしています。

夢がない

夢や目標がない
朝おきてもする事がない
ただ生きてるだけの毎日

だから朝もねてしまう
Zzz
生きるのにつかれました

一日中ねていてキラクでいいねと
どうすんの
家族はいうけど

決して好きでねているのではありません!!
夢や目標カムバーーック!!

ゆうぎょせん（遊漁船）

釣りが好きなので川や湖によく行きます。遊漁船に乗って海釣りにも行きます。そこで感じるのは、自分がお客ではなく遊漁船を運用する側になってもいいかもしれないということです。釣り場の情報や釣り道具についての知識はあります。いつか働くことの手掛かりになるのかもしれません。

ゆうじょう（友情）

辞書には「友人として、相手を思い、また裏切らぬ真心」とあります。でも仲間内で誰かが元気になり、社会復帰すると友情が崩壊し、ときには裏切り者扱いされます。相手と同じ状態でいるか自分が同じ状態にとどまるのが友情の前提です。こんな予想をする私も友情を実感したいのですが、実感できるときが来るのでしょうか。

ゆうびんぶつ（郵便物）

親は私あての手紙やダイレクトメールなどを「処分しておいた」と告げるだけで私には届けません。封書の内容も知らされません。まったく何も知らされないままの郵便物もあると思います。それだけでなく、親の意向にそぐわない交友関係を禁止されたり妨害もされました。私は親の意のままにされる付属品で、これはハラスメントです。

ゆうやみ（夕闇）

陽が沈みかけてうす暗くなったころ、なるべく家から外に出るようにしています。そうでもしないと外出する機会がなくなります。朝や昼は、近所の目とか明るさが気になって外出を見送ってしまいます。陽が落ちて街が暗くなる夕闇は私の味方です。

ユニバーサルしゅうろう（ユニバーサル就労）

いまは働いています。働き先は母がひきこもりの家族会から紹介された会社です。最初はボランティアの形で働き、その場に慣れる期間です。次が障害者に払われる給与をもらいました。それが過ぎると普通の給与になる一般社員です。ちょうどその一般就労に変わったばかりです。私は同じ仕事を続けていますが、会社内の別の仕事に変わる人もいます。実際の動きから仕事の適性を見るようです。このように働きたい人に合わせた多様な働き方がユニバーサル就労です。少しずつ慣れることができてよかったです。

よいこ（良い子）

小学生のころから、母親の家事を進んで

お手伝いしました。家計が苦しいときは、内職などもしました。大人になったいまも心の優しい良い子を心掛け、すっかり身についています。こんな私を良い子症候群という人もいます。この性格はひきこもりと適合性があるようで私もときどきひきこもります。

ようさい（要塞）

自室には誰も入れません。数年前に母の掃除を拒否してからは家族も入らなくなりました。入り口付近に物を重ねて入りにくくした自室は家庭内にできた要塞(ようさい)です。ここが静かに落ち着ける場です。

よきんつうちょう（預金通帳）

働いたことがないので自分名義の預金通帳がありません。アルバイトを始めるときに預金通帳が必要といわれ初めて預金通帳を作りました。大げさではなく社会の仕組みを一つ知りました。これが社会を知ることだと思いました。

よけいなひとこと（余計な一言）

言わなくてもいいことをあえて言うことです。悪気がないのなら許せるのですが、わざわざ嫌な思いをさせるために言っているとしか思えないこともあります。言う人の心根の悪さを表しています。

夜ひらく

小学校
運動オンチ
とべない
ぽすん
ピ〜

高校
コミュ症
一人読書

社会人
ぼっちめし
いただきます
私の人生
辛かった

夢は夜ひらく
イラストレーターに
なりたい
ワンワン
ワオーン

結婚

ひきこもり的ながらパートの形で働き、実家の援助を受けながら別居結婚をした男性がいます。ひきこもり生活ですが、あるボランティア活動で結婚相手と出会い、彼女の強い希望で結婚に至りました。彼は自分の生活を変えられず、誰かと同居する生活もできませんから、すべてを受け入れた彼女の提案で別居結婚になったわけです。

ここまで特殊なケースでなくとも、ひきこもり経験者で結婚する人はいます。「付き合っている彼女が妊娠した」と相談してきた彼は当時、三〇歳を少し過ぎたくらいでした。不登校であった高校以降の数年間のひきこもり。その後、外出できるようになりアルバイト生活をしていました。その時期に彼女と出会ったのです。

「ひきこもり経験者が子育てできるか」「誰かと一緒に生活できるか」と不安

が尽きない彼の話を聞きながら、私が掛けたことばは「これは、おめでとうじゃないの」でした。このことばがどれだけの意味を持ったかは分かりませんが、彼のアルバイトは常勤的なものになり、子どもが生まれ、結婚しました。

ひきこもり当事者にとって結婚のハードルが高いことは言うまでもありません。特に男性は責任を感じやすいです。その点で女性の方が結婚に至りやすいのは、相手が一般社会人であり、自身は主婦業を得られることに関係しているのかもしれません。

また、ひきこもり的な女性には「家族と離れたい」という強い思いと、結婚することで社会参加するという意識が関係していると思います。特に母親との負の関係を断ち切るために、新しい家族関係づくりを結婚に託す人の話は何人かから聞きました。

結婚により、親子（母と娘）の間にあった苦悩からは逃れられても、結婚した相手の親戚や子どもを通して人間関係が生まれます。自身の親子関係には強い拒絶感がありますから、子どもとの関係には細心の神経を使うこともあるようです。結婚することで、今までとは違った新しい問題に直面しています。

ひきこもり相談をしていたはずの私が、柄にもなく子育て相談をしているのは笑えないですね。

ようこうえんしゅう（予行演習）

どうしても外出しなければいけない日があります。外出の緊張を和らげ、慣れるために予行演習として家の近所をミニ外出して備えています。あいさつの練習、会う相手の名前を復習するなど、予行演習の種類はたくさんあります。これをしないと外出できないこともあります。

よこくだおれ（予告倒れ）

相談に行くのを動き始めのきっかけにしようと、「〇日〇時に行きます」と伝えました。初めは「行く予定」だったのが、そのときになると動けませんでした。そして二回目も行けませんでした。予告倒れが続きました。次は「行けたら行きます」にします。これなら予告倒れにはなりません。できるだけ、うそはつきたくないのです。

よすてびと（世捨て人）

「生涯現役」を主張する元気な人が話しています。テレビに映る人のことばです。「自分とは反対だな」と一言言いました。そしたら「生涯現役の反対語は何になるの？」と聞かれました。浮かんだのは「世捨て人」です。口にしたら少し驚かれてしまいました。「生涯無役」と返ってくるのを予想していたみたいです。

よわさでつながる（弱さでつながる）

米大リーグの選手だったイチロー氏は言いました。「優勝するチームは勝つことでチームメイトが互いに相手を認め合い強くなる」。ひきこもりは逆の真理を示します。お互いの弱い面を知り、それを認め合うなかで自分の存在感や役割を知るのです。私が居場所に行くのもこれが理由かもしれません。自分は弱いので、弱さを見せてくれる人に安心します。

旅人さん

ある日旅人が
気付いてみると
行くべき道が
なくなっていた
この先ガケ
ゆきどまり
自分はどこへ
行けばいいの
旅人は
困った
そして旅人は
ヒッキーに
なった
旅人の家

らりるれろ

ラジオのおと（ラジオの音）

ラジオやテレビの音に不快になることがよくあります。その音が継続しているとその場を離れたり、離れられないときは音を消すように頼みます。落ち着かないし、気分が悪くなるときもあるからです。

ランダム

ひきこもりである自分の性格や経験したことを振り返り、行動と心理の関係を法則的に表せないかと考えました。難しくて数式に表すことはできません。傾向みたいのものを一言で表すとランダムです。数式はおろか、手あたり次第のことが続いただけで、法則とは程遠いです。

ランチタイム

私のランチタイムは一人が基本です。みんなと一緒に食べる場が苦手です。一緒に昼食をとる職場でアルバイトをしましたが、長続きしませんでした。そういう場では雑談が生まれ、その雰囲気になじめないからです。

らんはんしゃ（乱反射）

自分が歩み続け、たどりついた地点は、望んだところではないし、予想していたところでもありません。いったい自分がいまどこにいるのか分からず、どこにどう動くのかも見当がつきません。自分は人生の乱反射の途上にいます。

リサイクル

手持ちの古いレコード・CDを安いと思いながらも売ったことがあります。こんなリサイクルは小遣いが尽きて本当に困ったときのサバイバル対策です。家にある取り置きの石鹸(せっけん)をリサイクルに回して怒られたこともあります。必要なものを勝手にリサイクルの対象にしてはいけません。

リスクオフ

積極的にいろんなことに取り組む人をリスクテイク（リスクをとる人）といいます。私は反対にリスクを避ける生活をしています。当たり前ですが新しいことになかなか取り組めないです。リスクテイクに対してリスクオフといっていいじゃないでしょうか。

リストカット

居場所帰りの夜に男女数人でファストフード店に寄りました。そこを出たあたりでとても不安感が高まり、一人離れてリストカットしました。ストレス解消のために

ひきこもり五七五

風邪ひいて　テンションあがる　ひきこもり〔古董〕

手首を傷つける行動がリストカットです。誰かが気づいて止めようとしてきます。そうしたら男の人が追いかけてきて「やめな」みたいに言われました。ストレス解消を超えて周囲の人にアピールする形になると問題が広がってしまいます。

りそう（理想）

実現できないと分かっていながら、捨ててはならないことが理想です。理想がないと、自分の一体性が保てず、バラっと落ちていく感じがします。けれども理想を実現するための気持ちやエネルギーはありません。目指したいものは持っていても近づくためのエネルギーがないので、不安になるのです。

りっぱにそだてる（立派に育てる）

子どもを「立派に育てる」ことの大切さを熱く話しているのを聞くと、子どもは理詰めに育てられてつらいだろうと同情したくなります。立派に育てるよりも、おおらかに優しく、子どもと一緒に泣いたり笑ったり、子どもを抱きしめながら育ててほしいです。「立派に育てる」なんて思わないでください。その方が子どもは立派に育ちます。私の実感です。

りゅうぎ（流儀）

米大リーグの選手だったイチロー氏のバッターボックスでの一連のしぐさが好きです。自分にも心の準備をするためのしきたりや流儀があるのですが、どんな意味があるのか聞かれても答えようがありません。ただそういうしぐさ、儀式のようなことをしないと準備万端の気分になれません。

りんかいてん（臨界点）

物質の化学的・物理的変化を起こす境界が臨界点です。これを心理状況に当てはめたものが我慢の臨界点です。一般社会ではその臨界点は爆発型の怒りに転化します。ひきこもり界隈では気分が陥没し、うつっぽくなるのが特徴です。そういうときには感情を押さえ込みます。マイナスエネルギーがからだに蓄積され、一気に寝込みます。

りんしょうじっしゅう（臨床実習）

医学部の学生です。五年生になると臨床実習が始まります。これまで母と父を除くと人と二人だけで話した経験はないです。もちろん誰かの相談を受けたり自分が聞き役になったこともありません。臨床実習では人と話すことが必要です。不安が強いので参考になることがあればと居場所に来ました。

SS君はある思想家に関心を持っています。「どういう人なの？」と聞くと、少し考えて「自由民主主義者です」と答えました。要領を得ません。違う方向から聞きました。「私にとって自由とは、抑圧からの解放になるな。そういう自由でいいかな？」

それに対するSS君の答えです。「自由とは、自我を肯定することです！」

的確で深くて、驚きの答えでした。とても日常の会話に出てくることばではありません。SS君が続けます。「そのときは、静かで穏やかなときだったんです…」

〝悟り〟体験でもしたのではないかという調子で話が続きます。次のことばがまた衝撃でした。

「そのとき、自我がなくなっていく感じがしました。そのときから、ぼくはおかしくなりました」

SS君がいう「自由とは、自我を肯定すること」という意味は、全体を続けるとこうなります。自我がなくなるときを経験した。だから自我のない自分には自由はない。なぜなら自由とは自我を肯定することなのに、自分には自我がなく肯定する対象がない。

この体験を反対側からいうと「自由とは、自我を肯定すること」になります。

失ってから分かることがあります。病気になって健康であることの意味を知るように、SS君は自我を失ってて自我を失うことは自由をなくすことを知ったのです。

　こういう体験はＳＳ君に限らず、ひきこもりを経験したいろいろな人が持っているように思います。それを実体験として話せる機会はほとんどないのでしょう。あるいはＳＳ君ほどの明瞭な実感として残っていないのかもしれません。その体験をことばにする難しさを超えられない人が多いのかもしれません。

　自我がなくなっていく感じのなかで、ＳＳ君は何を失ったのでしょうか。彼は自由をなくしたといいます。自我を失ったことで引き起こされているＳＳ君の日常的な言動を考えてみます。〝自己コントロール・抑制力の低下〟ではないかと思います。

　それはＳＳ君が日常生活に粘りを発揮できないこと、ある一つのことを続けられない状態、集中力をなくしていることから推測するのです。

　ＳＳ君のように事態を思索的に語る人もときにいます。「わけの分からんことを言う」「話が抽象的で分からん」と受け止めてもらえないこともあります。それでも対人関係を重ねるなかで徐々に何とかなるし、思いがけない役割をする人もいます。

ルサンチマン

弱者が強者に怨恨（えんこん）や憎悪の感情を持つことです。ひきこもりではお金を稼ぐ人や社会的地位の高い人を一方的に妬む人がいます。自分は努力をせずに、しかも食うに困らないひきこもりもいて妬むのが残念です。自分は「うらやましい」などと口に出すことで、マイナス感情の解消を心掛けています。

るろうのたみ（流浪の民）

居場所に行っても、どこか別の場所に行っても、自分のいるべき指定席が見つかりません。流浪の民です。自分の指定席が一つでもあれば、少しは気持ちが楽になるかもしれません。

れいのめ（霊の目）

誰もいないところでも誰かに見られている感覚があります。それが霊の目で、私には父の目と重なります。どちらかに縛られて心のままに振る舞うことができません。神秘的なオカルトに関心を持つのもこれに関係すると思います。

レジャーのうえん（レジャー農園）

自宅近くに貸し農園があります。小さい区画に分けて貸し出し、野菜類を作っています。そこで臨時の販売会があり、通りすがりに寄りました。普段は借り主が自宅に持ち帰るのでしょう。食べきれないほど取れたのか、宣伝を兼ねたイベントだったのか即売しています。通りすがりの私も参加できました。都会でもできるささやかな農業、レジャー農園みたいでいいですね。手作りや自分で作物を育てるような農業に関心が向いているのですが、それ以上の行動には移れません。

れんあいそうだん（恋愛相談）

ブログを十年近く書き続けています。ひきこもりですが彼女がいます。ブログでは仕事のこと、人間関係のこと、親との関係を書いてきました。読者から相談が来るようになり、それに答えることが重なります。いまでは女性の恋愛相談と家族からの相談を受けています。相談活動の機会を増やしたいと思っています。

れんぞくめんせつ（連続面接）

仕事を辞めて半ひきこもり生活が続いたあと、どうにかしたくて一気に八社に就職面接を申し込みました。勢いをつけないとまた途中で挫折する気がしたからです。会社との面接自体を社会経験の場にするつもりでした。七社目で採用が決まり、その会社で働き始めました。

話さなすぎて…

ひきこもって誰とも話さない日が
しばらく続いた
パン
久しぶりの外出…
空気が気持ちいい…
メンタルクリニック
あっあの
こここんにちはっ
受付
カミカミだった…
Makiko

ろうか（老化）

ふと自分はまだ子どもだと感じる瞬間があります。もう三〇代ですが子ども的でもいいと自分に確認していました。でも最近は、疲れやすいと思うことがたびたびです。もしかしたら大人にならないうちに老化が始まっているでしょうか。不思議な気持ちで自己観察をしています。

ろけん（露顕）

働き始めると、一緒に働く人に自分のことを話さなくてはいけないことがあります。そうすると自分のみすぼらしい実像が露顕する感じがします。仕事が長続きしない理由の一つです。

ロボット

買い物をするためお店に入ります。店員が少し近づき、適当な距離をおいて見ているのが分かります。店員はどうしてほしいのかな、何を勧めたいのかなという意識が働きます。それが少しずつ高じて自分にとって何が買いたい物だったのか分からなくなります。とんでもない物を買ったこともあります。店員が人ではなくロボットなら、私の心を動かす波動を出さないでしょう。

ロリコン

明るく元気いっぱいの成人女性には近づき難いです。元気な人はそのペースについていくために追いたてられそうですが、おっとりした人なら少し安心です。私が楽に関われるのは小さな女の子です。恋愛感情はありませんが、これもロリコンなんでしょうか。

わ

ひきこもり五七五

笑うトコ　普通が哀しい　ひきこもり〔古董〕

わかってほしい（分かってほしい）

自分のことを本当に分かってほしいと思っています。ある場で勇気を奮ってそう話しました。そしたら「自分の何を分かってほしいのか話していませんよ」と言われはっとしました。頭の中でアレコレ考えているだけで、ことばにしていなかったのです。ことばにしないと伝わらないんですね。

わかめちゃん（若めちゃん）

常に自分よりも少し若い人が、うらやましく思えます。二〇代前半のときは高校生が、三〇代半ばのいまは二〇代後半がうらやましく思えるのです。これが若めちゃん心情です。これからも続くと思いますが、やめられそうもありません。自分史上では、いまがいちばん若いと思うことにしています。

わけあり（訳あり）

不登校、ひきこもり、無職、過食、リストカットなど、すべて私のことです。それぞれをことばで表すよりも、全部を含んで「訳ありです」にすると言いやすくなります。体験の傷を覆うマスクみたいな役割をすることばです。

ワープ

寝床について気づいたら朝でした。普段

はよく眠れませんが、ときどきぐっすり眠れることがあります。時空を超えて健康な世界に移動した気分、ワープした感じがして気分がいいときです。からだが疲れているとこうなりやすく、精神的な疲れではだめみたいです。

わらいをとる（笑いをとる）

小さな集まりがあり、趣味で集めたCDなんかを詰めたリュックを抱えたまま参加しました。大きなリュックを見て「何が入っているんですか？」と聞かれたので、「私の宝物です」と答えたら、一斉に笑いが起きました。この笑いで自分の存在が認められた気分になりました。

わらう（笑う）

からだの表現として自然に笑えるのがうらやましいです。声を出さないほほ笑みなら自然に出るのですが、はじけるような笑いをした記憶がありません。自然な笑いは、感情がからだに反応として表面化したものです。空笑いや作り笑いはバレバレです。

わるくち（悪口）

正当な評価をしているだけで、相手を貶（おとし）めるために言っているのではありません。それなのに悪口を言うと自分が貶められる気がして嫌な気分になります。けれども直接本人に言うのは怖くてできません。

ある福祉関係の専門家とひきこもりについて話をしたときのことです。障害者、精神疾患、貧困、家庭崩壊などいろいろな社会問題があって、だいたいはどうすればいいのかがはっきりしている。うまくいくかどうかはケースバイケースだけれども、たどり着けるところは見える状況にあるといいます。

ところが、ひきこもりの場合は、どこから始めればいいかがつかめない。このまま進めばいつか行き詰まるのは分かるのに、どうすればいいか見当がつかないといいます。その専門家は、ひきこもりの難しさをこのように特徴づけました。

８０５０問題は、八〇代の高齢の親が五〇代のひきこもりの子どもを支えながら、それが難しくなって経済的な困窮や社会的な孤立に陥ることです。この問題に直面し、不安を抱える当事者や家族は少なくありません。

column

ひきこもりに関する取り組みの難しさは、二〇〇〇年前後にひきこもりが社会に広く知られてからいまに至るまで変わっていません。二〇〇五年に厚生労働省が保健所等での対応の必要性を提起して以来、行政による制度的な取り組みが始まりました。これにより精神疾患や子どもの教育問題とは独立して扱われると期待しましたが、そうは進みませんでした。

発達障害者支援法、ニート対策、地域若者サポートステーションの設置、生活困窮者自立支援法などにひきこもりへの対策が含まれていましたが、その対応は後回しになりました。「何か問題が提起されるたびに後回しにされてきた」とある当事者が言う通りです。手を付けられないまま時が過ぎたのです。

8050問題とは、ひきこもりの状態理解の難しさと対応方法の難しさの結果です。社会問題の解決策は

column

当事者を入れて考えるべきことです。ひきこもりの場合は当事者が自らいろいろ試みてきました。そこで彼らが出合ったのは軽視・無関心であり、無策と放置だったのです（一部は自力で突破して事業化しました）。

確かに多くの試みは未熟であり不十分ですが、基本的に公助はなく、自営業ないしはボランティア活動であり、多くは当事者負担の取り組みです。民間に広がる共助は貴重ですが限定的にならざるを得ません。特に当事者と家族に直接の利益になる方法をとれずにきた影響は大きいです。これは行政府・公助に求めるしかないでしょうから、この罪が重いことは確かです。

行政のいろいろな部署で対応するのがいけないのではなく、それを一つのセクションに集中する仕組みが必要でした。対応先は多くあっても当事者の試みを生かし、専門的に対応する部門がないために話を聞きながらも放置されてきたのです。

かく言う私も同類、いや同罪というべきかもしれません。当事者が試みている不十分なものをどう生かすのかが大事なのです。自分なりに当事者の試みを生かす方向性がつかめたのはやっと二年ほど前のことです。これが８０５０問題の現状です

監修者
松田武己

ジャーナリスト
池上正樹

長年ひきこもりを取材している
ジャーナリスト池上正樹氏と
監修者松田武己氏に
「ひきこもり」について語っていただきました

日本社会と文化が生み出す「ひきこもり」

松田　ぼくは教育の出版社にいた一九八〇年代の終わりに雑誌で不登校を取り上げたことがきっかけでひきこもりに関わり始めました。雑誌で不登校を取り上げたときに親からの問い合わせがどっと来たんです。その不登校の子どもの中にひきこもりの人がかなりいました。成績のいい子が不登校になっていることも知って衝撃を受けました。これは、勉強ができないことや問題行動とは意味が違うんじゃないかと感じたんですよ。「自分はロボットだ」と言う彼らの感度のよさというか、繊細さには驚かされましたね。

池上　私も同じように学校現場の取材がきっかけで「ひきこもり」ということばに出合いました。一九九五年頃から、学校現場で心が壊れていく問題を取材していたのですが、当時は、ゆとり教育が打ち出されて学校が変わるときで、普通の子、問題を起こさない子たちに起きている異変が見過ごされて置き去りにされることが結構あったんです。そんなことを取材する中で出会ったのが「ひきこもり」状態にある人たちでした。

松田さんがおっしゃる通り、ひきこもる傾向にある人たちの多くは多分、一般の人には見えないものも見てしまう眼があって、社会の理不尽なことや矛盾をあぶり出してしまうんですよ。当事者だからこその気づきというのがある。そういう特性なり、感受性の豊かさやしなやかさ、勘のよさがあるからこそ、いろいろ先回りして相手の気持ちが分かり過ぎてしまう。だから気疲れしてしまったり、自分から競争を降りたり譲ってしまうんですね。優し過ぎるところがあるんです。

そのような人たちから出てくることばには、いろいろな意味で教えられることがすごくあります。ひきこもり当事者たちを通してあぶり出される社会のゆがみや構造的な問題を発信して、社会の側にある課題をきちんと伝えることが自分の一つの使命だと思ってひきこもりする人たちと関わり続けてきたという感じがあります。

松田　いま、聞いていてひきこもりというのは極めて日本的だな、日本人的だなと思いました。日本人だけが当てはまるとは思いませんが、細かくて、いろんなことによく気がついて完璧主義というのは、ほかの国やほかの民族から見た日本人のイメージでしょう？　そう考えると、日本人の気質を凝縮するとひきこもりにつながるような気がします。世界から見たら、日本人は相対的にひきこもり的かもしれません。

池上　当事者やご家族からよく出てくる「大丈夫です」ということばも日本的ですね。

池上正樹（いけがみ まさき）
ジャーナリスト。通信社などの勤務を経て独立し、1997 年からひきこもりに関する取材を続けている。KHJ 全国ひきこもり家族会連合会広報担当理事でもあり、講演活動やテレビ、ラジオ出演なども行う。ひきこもりや 8050 問題に関する著書も多数。

他人に迷惑をかけるとか、他人に助けてもらう、悩みを言うことを恥だと捉えるのが日本文化ですから。それと、「同調圧力」も日本独自のものです。ちょっとでも目立つと叩かれるし、個性を認めません。周りと同じでないと認めないような風潮、空気みたいなところに当事者たちはすごく怯えています。ちょっとでも目立ってしまうと、叩かれたり何かされたりするんじゃないかと恐れているから自分の存在を隠さざるを得ない。こうした日本的な空気も、多くの人がひきこもらされ続けていることに関係しているんじゃないかと思っています。

松田　社会がひきこもりを生み出しているというか、増やしているという部分はありますよね。

みんな違って、みんないい

池上　支援者はよく当事者たちに「訓練しないと社会に適応できない」と言うんですよ。象徴的なのはつい最近までの東京都のひきこもり対策で、犯罪を防ぐという観点から治安対策として行っていました。要するに「ひきこもっているのはだめなやつ」というレッテルを張って回っているようなもので、ひきこもりは問題だから外に連れ出して自立させる、就労させるというのが大義名分化されて、それがまかり通っていた。

でも、「ひきこもり」と言っても一人ひとり違っていて、それぞれ個性もありますし、やろうと思ってもできないという特性もあります。だから、そういうものを含めて社会の側がきちんとひきこもる人の心情やそれぞれの不安の背景などを理解して合わせていくということも大事なんじゃないかな。いま、そういう時代になったんじゃないかなと思います。

松田　そうは言っても、ひきこもりはすぐに理解しろと言っても無理ですね。ぼくも自分がひきこもりと関わり始めた頃に出会った人たちからは、「松田さんも最初はひきこもりって、よく分かってなかったよね」と言われますから（笑）でも、理解するのが難しいからといってそこで終わりではないし、分かったつもりだけでもどうしようもない。

例えば、桜が秋に咲いたとしますよね？　そうしたら、それを変だというのか、ということなんです。もちろん桜が秋に咲いたら変ですよ。変だけど、自然現象に対しては不思議だなと思うくらいで変だといって責めないですよね。何か理由があると考えるでしょう。それと同じで、ひきこもりにも理由がある。理解できなくても、理解しようと思うところから始まることを知ってほしいわけです。いい悪いの判断から始めない、ぼくはそうしてきました。

池上　相田みつをさんじゃないけど、「みんな違って　みんないい」んです。いろんなやり方、いろんな生き方があって、ひきこもる行為は生きていくための選択肢の一つであり、生きる権利があるんだということを、いま、声をひそめて孤立して誰ともつながっていない人たちに向かって伝えたいですね。

松田　自分を取り戻すというい方は変かもしれないけど、当事者はまず「自分をつくる」ことです。「何とかの何々」という人間を自分で確立させる。そのためには、自分をことばや行動で表現して理解してもらう。そうすると何か一つの流れになっていくんじゃないかな。

池上　周囲の人たちは、どうしても「怠け」とか「甘え」という目線でひきこもりを見てしまいますからね。ひきこもりという状態は、レッテルを張るとか診断名とか何とか障害とかそういうことで片付けられることではなくて、一人ひとりにストーリーがあって、それぞれの背景や周囲の環境の中でひきこもらざるを得なくなったということをまずは理解してほしい。理解されずに価値観を強要され続けていると、当事者は不信感しかなくなって話すことを諦めてしまいます。

松田武己（まつだ たけみ）
不登校情報センター代表。
（本書の監修者）

ことばこそが辞書になる

松田　私は彼らに自分を表現することを期待してきました。今回の国語辞典はその一つの結果なんです。ところが声を出さない、思いを表そうとしない人がいるんですよ。どういう人かというと、話すときには最初に「どうせ」がつく。「どうせ自分はだめです」という自己否定。それから人間不信、社会不信ですね。「どうせあの人に頼んでも…」「どうせあの人たちは…」という感じです。この「どうせ」は当事者と関わるときに結構出合うことばなんですけど、そのときにぼくにできることはほとんど何もないんです。「あなた、それ間違ってるよ」と言っても意味がない。やっぱりその人自身が何らかの体験をして自分で何かをつかむまでは、何を言っても生きたことばとして心に入っていかないと思いますし、自分らしい自立をしたいという気持ちは生まれないと感じています。

池上　当事者から出てくることばには、それぞれ本人たちの望みなり思いなり気持ちが表れていますし、これから自分が生きていこうとする羅針盤にもなる重要なヒントがいっぱいありますよね。そういう意味では、まさにことばこそが周囲にとっては辞書になる、辞典になるということなのではないかなと思います。だから、周囲はそこをちゃんと拾い上げて、きちんと認めてまずは承認する。小さなことでもいいから肯定していく。肯定できなくても、まずは「そうだね」と受け取める。平壌オリンピックで話題になったカーリング日本女子チームの「そだねー」は、魔法のことばなんですね（笑）　そういう積み重ねが大事なんじゃないかなと思います。

いま（二〇二〇年十二月）は、コロナ禍で社会は大変な状況に置かれています。これからポストコロナの時代というのは明らかに働き方も変わってくる。リモートワークで家でも仕事ができるし、社会とつながることができる。これまでコミュニケーションがうまくできなかった人たちも世の中全体がリモート化したいま、在宅ワークのマッチングやクラウドソーシングのような仕組みが活用できるようになれば、自分の良さが社会に生かせるのではないかと思います。

松田　当事者たちにとっては、まだまだ不十分で不満足なゆっくりとした動きであっても、社会が動いていることは確かです。まだ漠然としていますが、ポストコロナの時代がいまよりもひきこもりを受け入れやすい社会になる可能性を感じています。

おわりに

新型コロナウイルス感染は二〇二〇年に三つの波を迎えたと言われています。その第三波の中で本書の発行準備の最終盤を迎えました。振り返ると現代のひきこもりにもこの四〇年近い間に三つの波があったと思います。

第一波は一九八〇年代の後半に不登校の増大の中で生まれました。感受性が鋭い思春期の中学生や高校生に当たる年齢の人たちです。周りからの見下げ感、悪意、無遠慮な干渉を日常的に見聞きし、自ら体験して傷つきました。彼らが書く多数の投稿に触れる雑誌編集の場にいた私は、社会のゆがみについていけない彼らが無意識に、あるいは意識して不登校の形で人と距離を置いていると感じたのです。社会のゆがみを嗅ぎ取り意識するのは、彼らの優れた感性によるものです。

社会についていけないのではなく社会のゆがみについていけない不登校児たちには、可能性を感じました。彼らはいわば「ネイティブひきこもり」であり、それは今日もなお思春期から三〇代の人の中に生まれています。

第二の波は、二〇〇〇年代に入りしばらくしてからです。第一波の流れに気づかないうちに合流していた人たちです。発達障害やＬＧＢＴｓ（性的少数者）、障害者、就職難や貧困に見舞われた人たちでした。いわば社会にうまく入れず、ときには排除されてきた社会的な弱者に当たる人たちです。

第二波を感じた当時の私は、ひきこもりの社会参加が目標でした。しかし周りの状況は、私の思いとは反対に社会のあちこちからひきこもり側に近づく人が続いています。自分の心身の状態を維持する方法として、ひきこもり状態に近づくのです。この動きを感じて確実な将来像は描けませんでしたが、この動きは悪いことではない、肯定的な面もあると思い始めました。

ひきこもりが「さまざまな事情」によると言われるのは、このような背景があります。こう書くと、ひきこもりを無条件に肯定していると読まれるかもしれません。そうではありませんが、いまはそう受け取られてもいいと思っています。

そして現在は第三波に入っています。ここには自然の要因が世界的な規模で覆いかぶさっています。すなわち新型コロナウイルス感染という巨大な環境問題が関係しています。日本においては、全国民に対してステイホームや巣ごもり生活が政府から強く奨励されています。言い換えれば、ひきこもりに準ずる生活が求められています。自然災害と公的な要請という二つの状況が第三波の欠かせない特徴になるはずです。

ひきこもりの第三波をいまの時点で詳しく展開することはできません。この世界的な惨禍が終わるときには、ひきこもりは違った受け止められ方をすると感じています。なぜなら国民の多くが幾分はひきこもり生活を味わったと思えるからです。

しかし、ステイホームを経験したから自分もひきこもりを経験したとか、ひきこもりを理解できるようになったというのは言い過ぎです。ひきこもりは周囲の社会的な環境だけではなく、本人の持つ感覚や感性の特性に関わるのです。そこを軽く見ると、ひきこもりの理解は大事な点を見逃します。そういう人や当事者の周りにいる人たちにとっても、本書に記されているひきこもり当事者のことばや振る舞いは、ひきこもりを理解するための重要な手掛かりになります。

ごく端的に言えば、二〇代以降のひきこもりは思春期の心情を持ち続けている人が多くを占めます。生物において高等動物になるほど成体になるのに時間を要するといいます。このことは特に社会的な面で人類においても当てはまるでしょう。

そういうひきこもりの特徴を無視した従来のひきこもり対応策の成功率が低いのはもっともだと思います。彼らの示すものは未熟であり、とるに足りないと軽視されてきました。未熟なものが多いのは確かですが、大事なものを読み取る周りの人たちの洞察力不足にもよるのではないでしょうか。

おわりに

本書で見て取れるように、ひきこもりの強みは感性の鋭さです。多くの人が気に留めないでいること、分かったふりをして見逃していることを鋭くキャッチしています。そう思って見渡すと社会のゆがみが浮かび上がり、それらに対応していく意味が分かるというものです。

ひきこもりは社会の異端として登場し、ゆっくりと広がりました。彼らは、やがて社会の新しい役割を示していくのではないか。これが長くひきこもり当事者の中で暮らしてきた私の感慨です。彼らは日常生活のいろいろな場面で、そういう気づきを表してくれました。私は横にいて、それらに驚き、教えられ、おもしろがりながら記憶に留めてきました。初めから辞典にまとめるつもりではありませんでした。長い期間の中で、国語辞典が浮かんできたのです。

こうした背景理由を知るならば本書成立の最大の功労者は、私の周りにいたひきこもり当事者と言わなくてはなりません。その意味で『ひきこもり国語辞典』の著者を松田武己とするのは正確ではないし、僭越(せんえつ)なのです。特にことばを直接に寄せてくれた人、挿絵や四コマ漫画を描いてくれた人が貢献しています。

この事情を十分には表せませんが、監修を松田武己、協力として『ひきこもり国語辞典』作成グループ＋αとしました。本書に収められたことばに心当たりのある人は遠慮なく申し出てください。本書にある「五百円硬貨」状態を超えて申し出てくださ い。申し出により、基準による稿料を支払います。八〇名以上は分かっていますが、ことばの発起者が不明な場合も多いのです。

手作り冊子『ひきこもり国語辞典』に目をとめ、編集上のアドバイスをしていただいた時事通信出版局の植松美穂さんには特別の感謝をいたします。出版に至る途上でいろいろな提案を受けました。経験主義を自認する私は、その提案をのみ込むのに時間がかかりました。手を付けないうちから「出来ない」「無理」とは言わないことにして進んできました。実行においては窮地に陥り、彼女に見本を示してもらいました。かつて私も編集者をしていましたが、彼女が一枚上手であったことに助けられたのです。

編集の最終場面で、池上正樹さんとの対談を設定し、帯コメントを髭男爵の山田ルイ53世さんに働きかけてくれたことは、出版社の熱を感じました。著名な池上正樹さんと山田ルイ53世さんのお二人に心から感謝いたします。

二〇二一年一月

不登校情報センター代表　松田武己

不登校情報センター
会報「ひきこもり周辺だより」を毎月発行

〒132-0035 東京都江戸川区平井3丁目10-4
電話：03-5875-3730
FAX：03-5875-3731
open@futoko.info
http://www.futoko.info

【監修者紹介】

松田武己（まつだ　たけみ）

不登校情報センター代表。教員向け月刊誌の編集者として10年あまり不登校問題に取り組んだ後に独立し、1995年に「不登校情報センター」を設立。その後は、フリーの編集者として教育関係の書籍の制作に携わりながら不登校やひきこもりなどに悩む人の相談を受けている。不登校情報センターのホームページでは、ひきこもりと周辺事情の情報提供なども行う。著書に、『引きこもりと暮らす』（東京学参）、『不登校・引きこもり・ニート支援団体ガイド』（不登校情報センター編、子どもの未来社）、『ひきこもり 当事者と家族の出口』（子どもの未来社）、『不登校・中退をスタートラインにするスクールガイド』（不登校情報センター編、東京学参）など多数。

ひきこもり国語辞典（こくごじてん）

2021年3月26日　初版刊行

監　修　松田武己
発行者　武部 隆
発行所　株式会社時事通信出版局
発　売　株式会社時事通信社
〒104-8178　東京都中央区銀座5-15-8
電話03(5565)2155　http://bookpub.jiji.com/

印刷／製本　中央精版印刷株式会社

協力　『ひきこもり国語辞典』作成グループ＋α
4コマ漫画＆挿し絵　makiko、M、NM（諸星ノア）、とおふじさおり、古菫、Angel
中扉挿絵　yuyuyu
監修者の似顔絵　新月
装幀・本文デザイン　出口 城
編集　植松美穂

ISBN978-4-7887-1718-3　C0036　Printed in Japan